반려견 벨라와 함께

고민 끝에 우리는 털이 복슬복슬한 암컷 개와 함께하기로 했다.
갈색과 회색이 섞인 털을 가진 여덟 살짜리 잡종 개였다.
우리는 이왕이면 나이가 많아 입양되기 힘든 친구를 선택해
사랑을 듬뿍 주고, 편안한 노년을 보낼 수 있도록 돕고 싶었다.
지금도 우리 곁에 있는 '벨라'.
귀가 잘 안 들리고 눈도 잘 보이지 않지만, 여전히
매일 아침을 기쁘게 맞이하고 꼬리를 흔들며 돌아다닌다.

(본문 128쪽)

지금 우리가 바꾼다

일로나 코글린, 마렉 로데 지음 | 하리타 옮김

영웅 거리 * 일 * 소비 * 돈 * 살림 * 수리 * 주거 * 이웃 * 활동 * 이동 수단 * 요리 * 음식 * 아름 * 버리기 *

독일 에코 힙스터의
16가지
생태적 일상 제안

슬로비

공존한다는 것

나는 이 책이 반갑다.

공동체 주택에 살며 지구를 위한 일상을 실천해 나가는 저자들의 삶이 지금의 내 삶과 맞닿아 있어서일까? 나 역시 소비적이고 경쟁적인 삶에서 이탈해 질 좋은 삶을 탐색하기 시작했다.

10년 전, 회사를 나와 '적당히 벌고 잘 살 수 있을까?'라는 질문을 안고 다른 삶을 모색하는 이들을 찾아다녔다. 그런 실험은 혼자서는 지속하기 어려워 자연스레 공동체에 관심이 생겼고 그곳에 스며들었다. 인문학 공동체 '문탁 네트워크'를 시작으로 주거 공동체 '우리동네사람들'을 거쳐, 지금은 공동체 주택으로 알려진 '오늘공동체'의 이웃으로 살고 있다. 그들과 함께하면서 나는 생태적 삶에 한 걸음 더 다가가게 되었다.

"자본주의로부터의 이탈은 이미 시작되었다."

당시 인문학 공부 모임에서 접했던 책 『에콜로지카』는 이 문장으로 첫 장을 연다. 책을 읽으며 나는 고도화된 자본주의 사회에서 우리가 생태적·윤리적 삶과 얼마나 멀어졌는지를 신랄하게 꼬집는 저자의 통찰에 놀라고, 어떻게 살아가고 싶은지 알아차리게 되었다. 저자에게서 받은 지적 충격은 자기 성찰로 나를 이끌었다. 좀 더 근원적으로 인간적인 삶, 공존하는 삶을 살고 싶다는 열망이 가슴 깊은 곳에서 일렁였다.

이 책을 읽는 내내 그때의 열망이 떠올랐다. 『에콜로지카』가 소비적 삶에서 근본적인 전환을 촉구했다면, 『지금 우리가 바꾼다』는 전환의 삶을 몸소 실천해 온 두 저자의 구체적인 기록이자 지침이다.

자본주의 사회는 더 많이 생산하고 소비하는 삶을 부추긴다. 정신을 차리지 않으면 우리는 쉽게 소비의 파도에 휩쓸려 버린다. 매년 10억 벌이 넘는 멀쩡한 옷이 수거함으로 들어가고, 쏟아져 나오는 음식물 쓰레기로 전 세계 담수의 4분의 1이 오염되고 있는 상황인데도 말이다. 더구나 우리는 생활하는 데 필요한 재화들이 어떤 과정을 거쳐 우리 앞에 오는지 모르는 채로 살고 있다.

저자들은 성실한 조사로 지구를 병들게 하는 인간의 행위를 살피고 변화를 위한 실천 방법을 나눈다. 모두 경험에서 나온 생활 밀착형이다. 이런 정보는 소비 행동에 바로 영향을 준다. 구체적으로 알게 되면 누구라도 좋은 쪽

먼저 읽었습니다

으로 선택하고 싶어지니까. 가능한 한 적게 사고, 한 번 살 때 '누가 어떻게 만든 건지' 세심하게 고르게 된다.

저자들의 문제의식은 정치적인 면도 지나치지 않는다. 사회를 바꾸는 데 개개인이 어떻게 참여해야 하며 집단지성은 또 어떻게 작용하는지 알려준다. 우리나라 '제비'(제로 웨이스트+비건 줄임말) 활동도 대표적인 예다. 제비들은 친환경 물품과 채식 식당을 이용하고 중고 옷 가게와 제로 웨이스트 숍을 즐겨 찾으며, 쓰레기를 줍는 플로깅 등 크고 작은 활동에 참여한다. 비슷한 가치관을 가진 이들이 함께 실천하고 그것을 SNS로 알리는 데 주저함이 없다. 제비의 삶은 이제 힙한 라이프스타일이 되었다.
저자들은 주제마다 깨알같이 '전환을 위한 행동'을 달아놓았다. 나는 저자들이 제시한 활동과 유사한 국내 사례를 또박또박 메모하면서 시도해 보고 싶은 부분에 별표를 그려 넣었다. 언젠가 만나면 우리도 이런 거 하고 있다며 자랑하고 싶다.

뭐라도 하고 싶은데 어떻게 시작할지 몰라 머뭇거리고 있다면 저자들의 지침을 따라보길 권한다. 바람을 현실로 만드는 데는 꾸준한 실천이 필요하다. 실천을 같이할 사람을 찾고 싶다면 이 책을 함께 읽으며 동료를 만들어

보자. 그런 다음 각자 살고 싶은 숲을 상상해 보고 서로 언덕이 되어줄 '동네'라는 숲, 모든 것의 원천인 '지구'라는 숲을 어떻게 가꿔갈지 이야기를 나눠 보자. 한 사람 한 사람의 작은 행동이 결국 세상을 바꿀 것이다.

김진선(『적당히 벌고 잘 살기』 저자)*

---

* 낮에는 홍보기획자로 일하고 퇴근 후에는 오늘공동체 이웃으로 어울려 일상을 보내고 있다. 몸과 마음을 돌보며 사람들과 연대하는 삶, 지구에 무해한 삶을 살고자 한다. 물질도 마음도 풍요로운 사회를 꿈꾼다.

먼저 읽었습니다

작은 행동으로 시작하기

어디서부터 어떻게 시작되었을까.

이 모든 것의 시작점을 정확히 말하기는 어렵지만, 어느 날 문득 우리는 어떻게 하면 세상을 바꿀 수 있을지 알아보기로 결심했다. 기후 위기, 대기·토양 오염, 생물종 멸종, 코로나 팬데믹, 전쟁과 빈곤 문제… 연일 끔찍한 뉴스가 이어지던 때였다. 각종 지표들이 지금처럼 살아선 안 된다고 경고하는 듯했다.

우리는 이 모든 상황에 압도되는 기분을 자주 느꼈고, 시간이 없다는 생각에 조급함에도 시달렸다. 환경을 보호하고 좀 더 평등한 세상을 이루려면 당장 우리부터 달라져야 한다고 생각한 지는 오래였지만, 그때는 유독 달랐다. 더는 꾸물거리지 않고 대담하게 행동에 나서야 할 시기인 듯했다.

그런데 어디서부터, 어떻게 행동해야 할까?

막상 시작하려니 방법을 잘 몰랐다. 힘없는 개인에 불과한 우리 둘이 세상을 바꾸겠다고 팔을 걷어붙이면 주변에서 어떤 반응을 보일지, 어디까지 갈 수 있을지, 무슨 일이 펼쳐질지 몰라도 일단 가보기로 했다. 모든 게 불확실한 상황에서 뿌리 깊은 삶의 습관을 끊어내고 용기를 내기로 했다.

오늘날 우리는 자연환경에서 점점 멀어지고 있다. 사람들 사이에서는 많은 분열이 일어난다. 개개인도 저마다 내적 갈등을 겪는다. 이러한 상황에서 문제를 바라보기 시작한 우리는 무엇보다 사람과 자연 사이의 연결을 회복하는 생태적 전환이 먼저라는 생각이 들었다.

현대인의 생활 방식이 자연환경에 미치는 악영향은 세계 곳곳에 퍼져나가고 있다. 하지만 그럴수록 우리는 진실을 외면하는 경향이 있다. 설사 직면한다 하더라도 너무 거대한 문제로 인식되면 무력감을 느끼고는 옆으로 밀쳐두기를 택한다.

그렇다고 부정적인 감정이 들 때마다 차단할 수도 없는 노릇이다. 우리가 어떤 문제를 외면하면 그와 연관된 감정과 정서적 연결 고리를 놓치게 되어 또 다른 분열 상태를 겪게 된다. 자신에게 중요한 가치가 무엇인지 모른 채 길을 잃을 수도 있고 그런 상태가 소비 행동으로 나타나기도 한다. 필요가 아닌 사회적 위치나 소속감을 고려해 물건을 사고, 그것이 자존감 같은 정서적 욕구를 충족해 줄 거라 여긴다.

친애하는 독자들에게

사람 사이의 분열도 문제다. 사회의 정치·경제 시스템은 대부분 연대가 아닌 경쟁에 의존하고 있어, 우리는 상대를 적대시하는 데 익숙해졌다. 대다수가 경쟁 외에 다른 선택지가 없다고 느끼면서 나이나 경제력에 따라 혹은 나라별로 구분 지어 분열을 조장했고, 불평등은 갈수록 심해졌다.

사람은 누군가와 함께할 때 용기와 힘을 얻고 소신 있게 나아갈 수 있다. 행복에 관한 여러 연구가 말해주듯, 다른 무엇보다 화목한 관계야말로 인간을 행복하고 충만한 삶으로 이끈다는 사실에는 의심의 여지가 없다. 서로를 지지하는 공동체는 변화를 이루는 데 가장 필요한 요소다. 협동과 신뢰로 우리 사이에 자리 잡은 분열을 해소해야 한다.

모두의 관계를 회복해 줄 해결책을 위해서는 어떤 관점이 필요할까? '나'와 타인, 세상과의 관계를 규정하는 대안적인 틀을 고민할 즈음, 우리는 중국 철학자 노자의 사상을 만나 변화를 위한 계획을 세우게 되었다.

세상을 바꾸고 싶다면 먼저 나라를 바꿔라.
나라를 바꾸고 싶다면 먼저 도시를 바꿔라.
도시를 바꾸고 싶다면 먼저 동네를 바꿔라.
동네를 바꾸고 싶다면 먼저 집을 바꿔라.
집을 바꾸고 싶다면 먼저 자신을 바꿔라.

그런데 자신을 바꾸는 일부터 쉽지 않았다. 우리 모두가 문제 상황에 깊이 연관되어 있고, 그 안에서 실수와 자기모순을 인정해야 했기 때문이다. 게다가 일상 주제에 몰입하다 보니 삶과 주변 상황을 당장 바꿔야 한다는 생각에 마음이 다급해졌고, 그러다 평정심을 잃고 좌절하는 일이 많아졌다.

그때마다 우리는 마음챙김으로 좌절감을 잘 다스려야 한다는 것을 배웠다. 받아들일 부분은 받아들이고, 사랑하는 마음으로 세상을 볼 때 진실한 변화의 주체가 될 수 있다고 믿게 되었다. 모든 변화에는 충분한 시간이 필요하다는 점도 알게 되었다.

우리 부부는 비건이 되기까지 시간이 꽤 걸렸다. 오랫동안 채식을 해왔는데도, 어미 소에게서 송아지를 빼앗고 수평아리가 태어나면 즉시 도살하는 축산 시스템의 현실을 알면서도 달걀을 포기하지 못했다.

그러다 마침내 비건으로 살게 되었는데, 죄책감 같은 부정적인 감정이 아니라, 중요한 깨달음 덕분에 실천할 수 있었다. 닭이나 소가 얼마나 매력적인 동물인지 알아갈수록 익명의 집단이 아닌, 정서적으로 소통할 수 있는 개별의 얼굴을 지닌 존재로 다가온 것이다. 이런 감정을 느끼고 나서야 비건을 지향하는 태도는 희생이 아닌 세상과 깊이 연결되는 지점이자 신념으로 자리 잡았다.

시간은 우리 자신뿐 아니라 주변 사람에게도 필요하다. 그런 과정 없이 자신의 기준으로 볼 때 그릇된 행동을 하는 사람에게 분노하게 되면, 원하는 바와 정반대되는 결과를 불러온다. 결국 혼자 낙담하게 될 뿐 아무 변화도 일어나지 않는다. 지금 상태에 불만족하더라도 변화를 향한 절실한 마음으로 현실을 그대로 받아들이고, 지나치게 분노하지 않는 태도를 가져야 한다.

한 사람이 세상을 바꿀 순 없다. 많은 사람의 의견과 실천이 필요하다. 이 책에 여러 전문가와 실천가의 인터뷰를 담은 이유다. 그들의 이야기와 연구를 통해 우리는 세상을 바꾸는 일이 이미 오래전부터 세계 곳곳에서 이어져 왔다는 것을 알게 되었다. 어쨌든 세상은 계속 변화해 온 것이다.

우리가 하루하루 무엇을 소비하고 어떻게 살아가는지, 어떤 일을 하고 무엇을 지지하는지, 많은 것이 우리의 선택에 달려 있다. 모든 시작은 '이전의 시작'이 만드는 결과다. 변화는 하나의 거대한 도약이 아니라 작은 행동으로 이루어진 연속적인 과정이고, 이 책을 펼친 여러분은 이미 그 과정에 서 있다.

책을 읽으며 찬찬히 생각하고 알아나가길 바란다. 자기 자신에게서 영감을 얻고, 흥분하고, 감화하게 되기를. 그러고 나서 행동하면 된다. 수많은 작은 걸음이 쌓이면 우리는 멀리 갈 수 있을 것이다.

우리는 함께, 세상을 바꿀 수 있다.

함부르크에서

일로나 코글린, 마렉 로데

차례

CHAPTER 2 **사회를 바꾸기**

책 사용법
- 이 책은 16가지 주제별로 본문과 실천(전환을 위한 행동) 편으로 구성되어 있습니다. 본문 사이의 인포그래픽은 다양한 통계·개념·프로젝트를 제시하고, 실천 편은 생태적인 일상을 위한 실용적인 방법을 안내합니다.
- 독자들의 이해를 위해 덧붙인 설명은 괄호 안에 '옮긴이' 또는 '편집자'로 표기하였습니다.

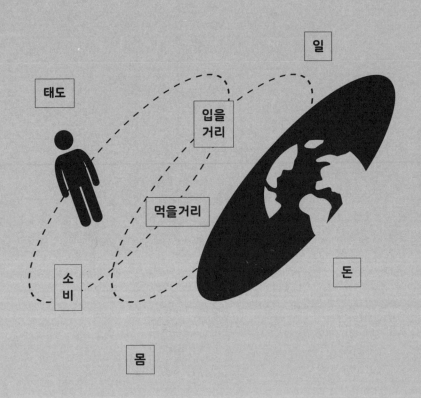

태도

일

입을
거리

먹을거리

소
비

돈

몸

CHAPTER 1

자신을 바꾸기

태도
용기 내어 시작하기

세상을 바꾸기엔 너무 늦었을까? 아니, 어쩌면 지금이 적기인지도 모른다. 우리는 역사적으로 수많은 시행착오를 거쳐 축적된 부와 지식, 기술을 누리고 있고 부유한 산업국가에서는 삶의 기본적인 욕구가 대부분 충족되고 있으니 말이다. 게다가 전 세계를 연결하는 인터넷으로 효율적으로 소통하고, 과거에 비해 노동시간이 줄어 사회 활동에 참여할 시간도 늘었으며 공간과 식량도 훨씬 넉넉하다. 공동체의 돌봄과 개인의 자유 사이 균형도 갖춰나가고 있다.

이렇게 보면 그 어느 때보다 지금 더 좋은 세상을 만들 여력이 있다. 그런데 막상 현실은 어떤가? 동식물과 자연, 사람에 대한 무자비한 착취가 갈수록 심각하지만 이를 멈추려는 우리의 노력은 턱없이 부족하다. 대체 왜 그럴까? 어떻게 해야 할까?

우리는 만물과 다양하게 연결되어 있다. 이러한 연결을 인식한다는 건 그동안 우리가 파괴해 온 것들을 돌아본다는 뜻이라 쉽진 않지만, 한 사람 한 사람이 각자 책임을 깨닫는 과정을 통해 변화의 기회를 발견할지도 모른다.

자신의 이기적인 행동을 깨닫고 멈출 때마다, 부주의함을 인정하고 습관을 바꿀 때마다, 모두가 공존하기 위한 선택을 할 때마다 우리는 세상을 구할 작은 가능성을 발휘하는 셈이다. 이는 세상을 바꾸려면 자기 자신에서부터 출발해야 한다는 철학자 노자의 가르침과도 통한다. 언젠가가 아닌 지금 당장! 다른 어딘가가 아니라 우리가 서 있는 바로 이곳에서.

익숙한 것에서 다시 시작하기

우리는 현재 상황과 미래를 낙관적인 태도로 바라볼 줄 알아야 한다. 세상에는 언제나 비관적인 종말론이 존재했지만, 긍정적인 변화를 믿는 사람들도 존재했다. 그들이 없었다면 세상은 지금 어떤 모습일까? 모든 게 나빠 보이고 절망적이더라도 지금껏 이뤄낸 일을 돌아보면서 우리가 세상을 바꿀 가능성이 여전히 크다는 것을 알아야 한다. 마음챙김 수련자 수산나 케어시그Susanne Kersig는 지구를 위한 일을 할 때도 회피나 분노가 아닌 공감과 연민을 지녀야 한다고 조언한다. 당장은 상황이 즐겁지도, 완벽하지도 않더라도 일단 받아들이라고 말이다.

"전부 다 엉망이야, 다 바꿔야 해'라고 말하는 것보다 그저 받아들일 때 다음 단계로 나아가니까요. 우리는 종종 동기의 중요성을 간과해요. 우리를 진정 이롭게 하는 것, 우리에게 희망과 의미를 주는 것에 주의를 기울이는 순간 자신에게서 멀어지려는 욕구는 줄어들어요. 그러면서 자신과 주변 사람들에게 만족하고요. 물질적인 것들은 별로 필요하지 않게 됩니다. 삶에 필요하다고 여겼던 물질적인 것도 사실 우리 내면의 평화에는 그리 중요하지 않아요. 오히려 만족을 느끼지 못하게 방해한다는 것을 깨닫게 될 거

태도

예요."

세상을 바꾸는 데는 상상력과 창조성이 필요하다. 남들이 가지 않은 길을 택해야 하기 때문이다. 정의, 평화, 자유가 있는 세상을 원한다면 존재하지 않는 것을 발명해 내야 한다. 그런데 우리의 사고 체계나 문제 해결 방식은 대개 정형화되어 있어서 틀을 벗어나기 어렵다. 한쪽으로는 자원을 절약하면서 다른 쪽으로는 낭비해 버리는 모순적인 행동도 잘 저지른다. 세상을 어쩔 수 없이 주관적으로나 파편적으로, 때론 각자 경험이라는 안경을 통해 바라보기도 하고.

한계를 넘어서서 새로운 해결책을 구상하고 실행하려면 익숙한 것을 다시 보고 듣기부터 시작해야 한다. 멈춰 서서 주변을 관찰하고 재평가하는 과정이 필요하다. 창조성을 펼치기 위해서는 여럿이 모여 지혜를 나누고 다양한 아이디어를 꺼내 토론해야 한다. 집단 지성을 발휘하는 것이다. 그러려면 다른 사람에게 자신을 열어 보이는 용기가 필요하다. 각자가 지닌 관점이나 삶의 방식이 다르다고 위협으로 적대시하기보다 서로 보완할 수 있는 매개체로, 사회를 더 풍요롭게 하는 다양성으로 인정해야 한다.

다르게 살아보기

누구나 우리 사회에 평화, 인권, 자유와 같은 가치가 중요하다는 데 동의한다. 하지만 일상에서 우리는 어떤가. 이상과 현실 사이에 부끄러울 정도로 큰 차이가 있음을 알면서도 고민할 시간은 내지 않고, 자기를 돌아보는 대신 남 탓을 할 때가 많다. 정치인, 부자, 노인, 청년, 남자, 여자 혹은 멍청한 이웃을. '세상을 걱정하는 건 그 사람들 몫이야. 내가 할 수 있는 건 어차

피 없어.' 이런 생각을 주문처럼 외면서 말이다. 그러고는 타인의 평가를 의식하고 그들의 인정과 사랑을 받으려 애쓰느라 자신의 가치 기준보다는 다수의 입장을 따라간다.

사람들은 대개 남과 다르게 행동하는 데 두려움을 느낀다. 세상을 바꾸려면 다수와 다르게 살아야 하는데, 그런 용기를 내기란 쉽지 않다. 아주 일상적인 곳에서도 그렇다. 비건인 사람은 초대받은 곳에서 식사로 나온 스테이크를 안 먹겠다고 말할 때 용기가 필요하다. 같은 옷을 계속 입을 때, 늘 최신 휴대폰을 쓰는 동료 옆에서 예전에 출시된 휴대폰을 꺼낼 때도 약간의 용기를 발휘해야 한다. 직장에서 수익 극대화가 제일 중요한 목표는 아니라고 상사에게 주장하는 건 거의 불가능해 보이기도 한다. 용기 내서 다른 행동을 하더라도 격려하는 분위기는 고사하고 저항이나 비난, 놀림, 냉소 혹은 무관심을 마주할지 모른다.

그런 상황에 맞닥뜨리면 나아갈 곳을 생각할 여유도 힘도 잃게 된다. 우리도 그랬다. 어느 날은 완전히 낙담해 버렸고 화가 잔뜩 난 적도 있었다. 선한 의도를 가지고 다르게 사는 사람은 타인에게 그들이 원치 않는 거울을 비추는 거나 마찬가지다. 그렇다고 포기해야 할까? 수많은 생명이 당장 하루를 어떻게 버티는지 모를 막막한 상황인데 우리만 풍요와 번영에 취해 가만히 있으면 마음이 편할까? 지금도 수십억 마리 동물들은 고통 속에 죽어 가고 있다.

세상은 하루아침에 바뀌지 않는다. 혼자선 바꿀 수 없고, 모든 곳이 한꺼번에 움직일 수도 없다. 각자의 힘과 시간 그리고 가능성은 제한적이다. 때론 자신에게 너무 많은 것을 요구하며 빨리 이루려다 실패도 하고, 높은 이상을 향해 가다 기대의 덫에 걸리기도 한다. 목표 달성에 안달이 나서 결점만을 본다. 열심히 노력하고 있는데도 여전히 사회적 불의가 존재하는 데 슬퍼하고 실망한다. 자신을 과대평가하고 자신의 고통은 과소평가하다가 번아웃을 겪고, 최악의 경우엔 포기해 버린다.

세상을 바꾸기 위해서는 우리가 근본적으로 불완전한 존재임을 먼저 인정해야 한다. 어려서부터 우리는 불완전함을 수치스럽게 여기라고 배웠다. 그래서인지 어떻게든 결점을 없애버리려고 한다. 자신의 불완전함을 받아들이는 것은 의기소침하거나 게으른 모습과는 다르다. 자기와 싸우기를 그만두고 사랑한다는 의미다. 그렇게 할 때만이 자신의 단점이 아닌 발전 가능성을 볼 수 있고 꾸준히 나아갈 수 있다. 행복을 연구하는 심리학자 카타리나 템펠Katharina Tempel은 걱정 없는 삶과 행복을 동일시하는 사람들에게 이런 메시지를 전한다.

"행동으로 무언가가 바뀐다는 것을 내면화하는 순간 행복감을 느낄 수 있어요. 그 아름답고 충만한 감정으로 인해 멈추지 않고 더 나아가고 싶어지거든요. 나아가기 위해 첫 번째 할 일은 자기를 괴롭히는 대상을 알아내는 탐색의 시간을 가져보는 거예요. 마음이 쓰이는 게 무엇인지, 뭘 하고 싶은지. 한 번에 한 가지 프로젝트만 고르는 게 좋아요. 너무 열성적으로 여러 가지 일을 동시에 하려고 하면 잘 안되거든요. 한 단계가 끝나기 전에 다음 단계로 넘어가지 말고요. 안 그러면 산더미처럼 쌓이는 과제에 짓눌려 어디서부터 시작할지 모르는 상태로 꼼짝 못 한 채 좌절할 테니까요."

ACTION

전환을 위한 **행동**

⏱ 소요 시간 ✅ 난이도

의미 찾기

⏱ 1시간
✅ ★★

삶의 의미를 찾는 작업은 세상을 구하는 데 필요한 첫 단계다. 종이와 연필을 꺼내 충분히 생각한 후 질문에 답해보자.

❶ 영웅 탐색

책이나 영화, 혹은 실제 인물 중 롤 모델이 있는가? 어떤 점이 본받고 싶을 만큼 놀라웠는가? 같은 일을 해보고 싶은가?

❷ 미래에서 온 편지

미래로 시간 여행을 떠나 어든 살이 되어 보자. '지금의 나'에게 어떤 조언을 해주겠는가?

❸ 과거에서 온 편지

어린 시절로 회상 여행을 떠나본다. 그때 시간 가는 줄 모르고 몰두한 대상이 있었는가? 무엇이 되고 싶었나?

계획하기

⏱ 1주
✅ ★★★

세상을 바꾸고 싶은 사람들은 종종 무슨 일부터 시작해야 할지 모른다. 여러분도 비슷한 상황이라면 다음 지침을 따라보자.

❶ 무엇을 바꾸고 싶은가?

자기 삶의 변화 혹은 소속 집단이나 사회의 변화 중에서 선택한다.

❷ 목표가 무엇인가?

종이를 한 장 꺼내 오른편에 목표를 적어본다. 세상을 바꾸고자 한다면 무엇을 이루고 싶은가?

❸ 구체적인 계획 구상하기

목표 왼편에는 해야 할 일을 적고, 하단은 목표 달성에 필요한 준비 과정으로 채운다.

태도

기쁨을 선물하기

🕐 1주

✅ ★★

다른 사람에게 관심을 갖고 기쁨을 줄 때 세상과 타인과 자신에 대한 인식이 바뀐다.

❶ 주간 계획

한 주를 계획하면서 활동할 수 있는 시간을 정한다. 다른 사람을 기쁘게 할 만한 일을 최소 7가지 적어본다. 아는 사람과 아예 모르는 사람 모두 대상이 될 수 있다.

❷ 친절 나누기

이제 목록에 적은 아이디어를 하루에 최소 하나씩 실행한다.

❸ 셀프 체크

일주일 경과 후, 어떤 효과를 얻었는지 30분 정도 생각해 본다. 무엇을 배웠는가? 기분이 어떤가? 일상은 어떻게 변화했는가? 활동을 지속하고 싶은가?

➕ 소소한 호의

선의를 나누는 운동의 참가자들은 카페에서 뒷사람의 커피 값을 내주는 등 작은 호의를 베푼다. 상대방이 미소 짓기 전에 먼저 웃어준다. 그 밖에도 많은 활동이 웹사이트(randomactsofkindness.org)에 나와 있다.

관심 영역 넓히기

⏱ 5일
☑ ★★

관심을 두는 범위를 넓혀보자. 많은 것을 발견하고 감탄하게 될 것이다.

❶ 1일 차 : 5미터
주변 5미터 이내에 있는 사물부터 관찰하자. 사람, 건물, 자연과 작은 존재 모두가 대상이 될 수 있다.

❷ 2일 차 : 10미터
영역을 넓혀 더 많은 풍경을 눈에 담고 기억한다.

❸ 3일 차 : 20미터
범위를 20미터로 넓히고 다른 사람이나 동식물의 입장이 되어 본다.

❹ 4일 차 : 50미터
주위에 있는 것들이 어떻게 상호작용하는지 지켜본다.

❺ 5일 차 : 360도 시야
특정 대상에 머무르지 말고 주변에서 일어나는 크고 작은 일들을 모두 알아차린다.

태도

몸
자기 몸 긍정하기

많은 사람이 자신을 잘 돌보지 않는다. 그저 외모 경쟁에서 돋보이기 위해 몸을 깎고 다듬는다. 그 과정에서 몸을 마치 자신과 분리된 존재처럼, 마치 휴대폰이나 자동차 같은 소유물로 대한다. 그러니 갈등이 생길 수밖에 없다. 세계보건기구 자료 중 독일 통계를 보면 11~15세 학생 6천여 명 중 여학생의 56퍼센트, 남학생의 45퍼센트가 자기 몸에 만족하지 못한다고 답했다.

부정적인 자아상은 시간이 지날수록 스스로를 불행하게 만든다. 잘 다듬어진 모델들의 사진을 주입받은 아이들은 불안을 느끼고 자기 몸을 그대로 받아들이지 못한다. 마른 몸과 커다란 눈, 근육질 몸을 성공한 사람들의 모습으로 믿게 될 뿐이다. 현실과 거리가 먼 이미지는 아이들을 평생 짓누를지도 모른다. 대체 우리 사회는 아이들 영혼에 무슨 짓을 하는 걸까?

다행히도 이런 상황이 전부는 아니다. 모든 작용은 반작용을 일으키는 법. 왜곡된 몸 문화에 대항하는 또 다른 움직임이 일고 있다. 그중 하나로 **자기 몸 긍정주의** Body Positivity(신체 사이즈, 모양, 피부색, 성별, 장애 여부와 상관없이 모든 사람이 자기 몸을 긍정적으로 받아들일 수 있어야 한다고 주장하는 사회 운동-옮긴이) 활동이 호응을 얻고 있다.

우리 몸 그대로 긍정하기

완벽한 몸은 과연 중요한가? 자기 몸 긍정주의자들은 현대인들이 이상적인 겉모습에 맞추기 위해 쏟는 걱정과 노력이 그만한 가치가 있는지 반문하며 부정적인 여파를 지적한다. 많은 이들이 온갖 화장품과 관리 용품, 피트니스 센터, 성형외과의 비즈니스 모델을 떠받치고 있다고 말이다. 아름다운 몸에 대한 사회 기준에서 벗어나야 그럴듯한 말로 유혹하는 광고에 넘어가지 않을 거란 메시지를 전한다.

우리는 은연중에 몸이 정신보다 열등하다고 여기면서 몸으로 느끼고 경험하는 감각을 하찮게 여긴다. 또 몸이 정신을 그대로 따라주길 바란다. 영원히 젊고 역동적이며 에너지 넘치는 상태를 바라는 것이다. 대개 이런 기대는 충족되지 않으니 만족하지 못하는 상태로 자기 몸을 그저 '견디며' 살고, 최악의 경우에는 혐오한다.

소셜네트워크에서 화제가 된 에릭 하이츠Eric Hites 이야기는 몸과 마음 모두를 돌본 인상적인 사례다. 자전거로 대서양에서 태평양까지 장장 5천 킬로미터에 걸쳐 미국을 횡단한 에릭. 물론 그 자체로도 놀랍지만, 더 놀라운 건 처음 여정을 시작할 때 그의 몸무게가 260킬로그램으로 고도 비만 상태였다는 사실이다. 당시 실직 상태로 많이 위축되어 있던 에릭은 마음먹은 일을 스스로 해내는 모습을, 자신을 떠난 아내에게 보여주고자 했다. 그래서 여행을 계획하며 웹사이트(fatguyacrossamerica.com)를 만들었고 모든 과정을 글과 사진, 영상으로 기록해 나갔다. 그를 응원하는 팬이 점점 늘어가면서 에릭의 자전거 횡단 프로젝트는 개인적인 도전을 넘어 사회적으로 중요한 의미도 지니게 됐다.

이후 에릭의 아내는 돌아오는데, 그가 체중을 많이 감량해서가 아니라 스스로 도전하고 목표를 달성한 용기 있는 모습에 마음이 움직였다고 한다. 그의 용기는 지금도 다른 이들에게 계속 전파되고 있다.

몸이 하는 말에 귀 기울이기

몸에 대한 긍정적인 감정들, 이를테면 엄마 품에 안겨 편안함을 느끼던 유아기 때의 감정은 어떻게 회복할 수 있을까? 어떻게 하면 자기 몸을 좀 더 가치 있게 느끼고 몸과 마음이 따로 분리된 듯한 감각에서 벗어날 수 있을까?

이 문제를 깊이 들여다보던 우리는 중요한 점을 깨달았다. 몸을 사랑하려면 우선 몸과 좋은 관계를 맺어야 한다는 것이다. 운동이나 명상보다 더 중요한 일은 몸과 화해하는 작업이다. 그저 자신을 고유한 존재로 받아들이는 것만으로도 내면의 평화를 얻을 수 있다. 키가 크든 작든, 피부색이 밝든 어둡든 원래 그렇게 타고난 게 아닌가.

배가 고프거나 목이 마를 때, 몸은 우리에게 무엇이 부족한지를 자세히 알려준다. 타인의 존재나 온기가 필요할 때조차도 말이다. 두통과 복통, 소화불량 증상은 몸이 보내는 신호다. 몸의 신호를 진지하게 받아들이면 우리는 자신을 더 잘 이해하게 되고 타인도 잘 알 수 있게 된다. 그러니 큰 고통이 찾아올 때, 삶의 무게를 견딜 수 없을 때, 외로움이 우리를 집어삼킬 때까지 기다릴 필요는 없다. 회복과 치유, 행복을 위해 내면의 지혜를 동원하자. 명상을 하든, 그저 조용히 앉아 있든 내면에 귀 기울이면서 의식과 몸을 하나로 합치자. 몸을 알면 자기 자신을 알게 될 테니.

심리학자 켄 디치월드Ken Dychtwald는 '몸 지도'를 그려 건강 상태를 살펴보라고 권한다. 이때 지도에는 몸에 영향을 준 모든 경험과 사건을 그려 넣는다. 그동안 겪은 고통과 스트레스, 질병을 다양한 색깔로 나타낸다. 몸은 기쁨과 즐거움이 일어나는 곳이기도 하다. 신체의 어떤 부분이 다른 사람에게 긍정적인 영향을 주는지 생각해 본다. 이 과정은 내면을 더욱 깊이 느끼고 몸과 자신의 관계에 대해 숙고하는 매우 흥미로운 실습이다. 자신을 알아가면서 자연스럽게 긍정하게 만들어주는 효과도 있다.

오늘도 거대한 산업은 시시각각으로 우리를 유혹한다. 당신 몸은 있는 그대로 사랑받기엔 너무나 부족하니 자기네 제품을 써야 한다는, 갖은 술수에 넘어가지 말자. 몸 안팎에 차이가 없음을 깨닫는 것만으로도 우리는 충분하다. 자연 생태계의 생명들을 보라. 그들에겐 광고 모델 같은 몸이 하나도 중요하지 않다. 사람도 마찬가지다. 우리는 몸을 지금처럼 통제할 필요도, 그에 따르는 고통이나 두려움을 겪을 필요도 없다. 자기 몸을 사랑하는 마음만 있다면 앞으로 한 걸음 나아갈 것이다.

ACTION

전환을 위한 **행동**

⏱ 소요 시간 ⊘ 난이도

몸 긍정주의자 되기

⏱ 1주
⊘ ★★

· 자주 웃기

긍정적인 감정은 웃음으로 드러나는데, 반대로 웃음이 즐거운 기분을 만들어내기도 한다. 안면 피드백 이론 facial feedback theory 에 따르면 웃을 때마다 긍정적인 효과가 있다고 한다. 웃음은 집중력과 건강을 향상한다. 매일 아침 30초 동안 거울을 보면서 웃어보자. 눈과 뺨 근육도 사용한다. 눈까지 함께 움직이는 진짜 웃음이어야 한다.

· 몸을 소중히 하기

사람들은 대부분 마음에 안 드는 부분에 더 신경을 쓴다. 주변 환경에 따라 몸에 대한 만족도를 바꾸지 말고 내면에 집중하면서 자기 몸의 장점을 열 가지 적어보자.

움직이기

⏱ 5일
⊘ ★★

· 침대에서

기상 시간에 스트레칭으로 몸을 움직이면 뇌와 근육, 폐에 좋다.

· 욕실에서

샤워나 양치할 때 제자리 걷기나 앉았다 일어서기로 몸의 각 부분을 움직여준다.

· 옷 입을 때

한 발로 혹은 발끝으로 서서 입어본다. 작은 움직임이지만 운동이 된다.

· 이동할 때

에스컬레이터나 엘리베이터 대신 계단으로 다니자. 짧은 거리는 걸어 다닌다.

· 외출할 때

더 많이 움직이고 싶다면 운동을 시작하자. 기분이 좋아지고 몸의 감각도 되살아난다. 하루에 만 보 걷기가 좋은 시작이다.

먹을거리

의식하고 장보기

　　언젠가 마트에서 유기농 채식 만두를 카트에 넣고 흐뭇했던 기억이 있다. 패키지에 찍힌 유기농 인증 마크에 안심했기 때문이다. 이 제품을 사는 건 유기농업과 생산자를 지지하는 행위라고 여겼다.

　　유기농 농장에서는 인공 비료나 살충제는 물론 유전자 변형 작물도 쓰지 않아서 그 지역 물과 흙, 공기를 오염시키지 않고 생물종 다양성에도 피해를 주지 않는다. 농장 가축도 잘 돌보면서 땅의 영양 성분이 순환되는 것에도 신경을 쓴다. 에너지도 적게 쓰고 기계식 일반 농장보다 일자리도 더 많이 제공한다고 알려져 있다. 그러니 식재료 생산자를 자세히 알 수 없을 땐 유기농 제품이 언제나 더 나은 선택이라고 생각했다.

　　그런데 어느 날, 마냥 그렇게 살다가는 삶을 혁명적으로 바꿀 수 없겠다는 경각심이 들었다. 그 상태로는 부족하다고 느낄 즈음 우리는 한 가지 생각을 떠올렸다. 무언가를 변화시키려면 일상과 밀접한 장보기 방식부터 제대로 뜯어봐야 한다는 것이었다.

유기농 상품은 정당한 먹을거리일까?

오늘날 먹을거리는 너무 많은 온실가스를 배출하고 있다. 농업에서 발생하는 인공 비료 및 살충제는 토양과 하천, 해양, 지하수에 영향을 미친다. 쓰레기는 또 어떤가. 전 세계 담수의 약 4분의 1은 음식물 쓰레기만으로 이미 오염되었다.

먹을거리는 지구에 만연한 불평등 문제를 고스란히 보여준다. 남아메리카와 아시아에서 원시림이 파괴되는 가장 큰 원인 중 하나가 농업 활동인데 대규모 농업은 기후 변화를 일으키는 주된 원인일 뿐 아니라 생물종의 다양성 감소에도 직접적인 영향을 끼친다.

농업 분야 대기업들은 세계 곳곳에서 경작할 수 있는 땅을 사들이고 있다. 가축 사료나 에너지 발전에 쓰이는 식물들을 더 대량으로 생산하기 위해서다. 그 와중에 중소 규모 농장들은 경쟁에서 밀려나 업계에서 퇴출당한다.

누군가는 '이미 다 아는 얘기야. 이런 일 없이도 잘 먹고 살면 좋겠지만 그게 가능해? 어쩔 수 없는 일 아니야?' 이렇게 생각할지도 모른다. 물론 여러분이 빵을 절반만 먹고 버리지 않는다고 해서 굶주리는 다른 지역 아이가 그 빵을 가질 수 있는 것은 아니다. 여러분이 열대우림을 잘라내자고 주장한 것도 아니다.

다만 사람은 누구나 현실을 바꿀 힘을 생각보다 많이 가지고 있다는 점을 상기시키고 싶다. 우리는 공부하고 조사할수록 전에는 몰랐던 사실을 알게 되었다. 세상에 먹을 것으로 인해 고통받는 이들이 얼마나 많은지, 그동안 우린 얼마나 무지한 채로 안락하게 살아왔는지.

마트에서 산 유기농 채식 만두를 떠올려 본다. 인증 마크가 찍힌 유기농 제품을 구입해서 뿌듯했는데, 알고 보니 유기농이라고 다 같은 유기농이 아니었다. 대형 슈퍼마켓이나 할인 마트에서 파는 유기농 제품은 사실 생태적 사고에 반하는 시스템을 떠받치고 있다.

유기농 농장이라도 대기업이면 대체로 단일경작을 하고, 생산·유통 과정을 고도로 산업화해 놓았다. 씨앗부터 포장된 완제품까지, 획일적인 효율성을 그 어떤 가치보다 중요시한다. 유럽인들이 가장 많이 먹는 채소인 토마토를 구체적으로 한번 살펴보자.

한겨울에 어느 선량한 시민이 슈퍼마켓 체인점에서 유기농 토마토 한 묶음을 싼값에 산다. 그 토마토는 스페인 알메리아Almeria 지역 돌사막에서 왔을 가능성이 높은데, 바로 현대 사회의 '정신 나간' 식량 시스템을 잘 보여주는 곳 중 하나다. 플라스틱 비닐이 바다처럼 드넓게 씌워진 300제곱미터 땅에서 300만 톤에 달하는 과일과 채소가 재배되고, 인근 지하수는 이미 고갈되어 먼 북쪽에서 물을 끌어온다.

이런 대규모 단일경작으로 수익을 올리는 사람은 스페인 지역 농업인들이다. 정작 북아프리카에서 넘어와 미등록 노동자 신분으로 농작물 수확 일을 하는 사람들은 예외다. 이들은 하루에 겨우 20유로밖에 안 되는 일당을 받으며 일주일에 7일씩 일하고, 숙소가 따로 없어서 임시로 만든 비닐하우스에서 지낸다. 비닐하우스 내부 기온은 여름에 섭씨 50도까지 올라간다.

스페인 농부들이 특별히 나쁜 사람들이라서 이런 일이 버젓이 일어나는 걸까? 문제의 근본적 원인은 오늘날 유럽 농업 시장의 폐해라고 봐야 한다. 거대 슈퍼마켓과 프랜차이즈 기업이 소비자가를 내리기 위해 유통 마진을 지나치게 낮추는 바람에, 농작물 가치사슬 전반에서 인건비를 비롯한 각종 생산 가격도 따라 내려간 것이다. 비단 스페인 농부뿐 아니라 페루의 양봉업자나 코스타리카의 커피 농부도 마찬가지다. 자본주의 시스템 안에서 모두 비슷한 현실에 처해 있다.

공정무역을 지지해야 하는 이유

그나마 다행이라면, 소비자로서 이런 문제적 시스템의 일부가 되지 않는 방법을 선택할 수 있다는 것이다. 먹을거리를 살 때 유기농 마크 옆에 공정무역 마크가 있는지 살펴보자. 당연히 값은 비싸겠지만 '비싸 보이는' 가격이 실은 적당한 가격이다. 가치사슬 전반에 공정한 값이 매겨져야 토마토를 따는 손노동에도 정당한 대가가 돌아간다. 더 많은 사람들이 공정하게 생산된 친환경 먹을거리를 기꺼이 구매할 때 열심히 일하고도 굶주리는 누군가의 현실이 조금이라도 나아질 것이다.

공정무역이 바다 너머에서만 역할을 하는 건 아니다. 우리 가까이서 일어나는 불공정한 일들도 방지할 수 있다. 독일 남동부 바이에른주 농업 협회에 따르면 농부들은 직접 기른 농작물을 헐값에 팔아야 할 형편이다. 곡물 한 다발에 0.6센트, 감자 한 알에 1센트밖에 안 되는 수준이다. 이 때문에 부유한 나라인 독일에서도 **더 공정한 식량 분배**는 중요한 이슈다.

공정한 농업과 식량 분배 시스템을 지지하려면 생산자에게서 직접 구매하는 것도 좋은 방법이다. 대형마트는 판매가를 낮추는 과정에서 환경적·사회적 기준은 외면하는 경향이 크다. 생산자와 직접 연결되면 먹을거리가 어디서 왔는지 정확히 알 수 있고, 농산물을 활용한 가공식품이 생산되는 과정에도 목소리를 낼 수 있다. 유기농 인증 마크를 받지 않은 농장이라도 지역사회와 생태계 보전에 기여하는 곳일 수 있으니 잘 알아보고 인연을 맺어보자.

처음에는 새로운 먹을거리 공급지를 찾기가 쉽지 않았다. 우리는 먼저 집 주변을 고려해 봤는데 대도시에 사는 데다 차도 없어서 근처 농장에 들르긴 어려웠다. 대신 집에서 2킬로미터 떨어진 곳에 장이 선다는 정보를 얻고는 자전거에 작은 수레를 연결해 다니게 되었다. 장터에선 일반 농산물부터 작은 농장에서 키운 데메터Demeter(땅의 자생력을 끌어올리는 '생명역동농법'을 쓰는 유기농 인증 브랜드-옮긴이) 상품까지 다 살 수 있다. 우리는 가급적 제철 농산물을 사려고 한다. 유기농법으로 탄소 배출을 절반으로 줄인다고 해도 온실이나 먼 곳에 있는 생산지에서 자란 농산물이라면 그 의미가 퇴색되기 때문이다.

동네 장터 외에도 좋은 식재료를 살 수 있는 대안은 또 있다. 일주일에 한 번씩 배달되는 유기농 채소 배달 서비스를 신청하거나, 생산자와 소비자를 연결하는 **연대 농업 네트워크** 쏠라비Solawi(온라인 직거래와는 또 다른 선투자 로컬 시스템으로 독일 전역에 퍼져 있다-옮긴이) 같은 곳에 참여할 수도 있다. 연대 농업은 소비자 집단이 직접 유기농장 한 곳과 계약을 맺고 농사 자금을 미리 대주는 방식이다. 이후 수확물은 생산자가 친환경적인 방법으로 회원 집에 배달하거나, 회원이 찾아가도록 동네 거점지에 맡긴다.

이와 비슷하지만 좀 더 유연한 방식으로는 **푸드 펀딩**Food Funding이 있다. 식재료를 위한 일종의 크라우드 펀딩이다. 점점 더 많은 도시에서 소액 주주 주식회사나 협동조합 같은 로컬 농업을 중심으로 자금 조달 실험이 벌어지고 있다. 그중 위코나우튼Ökonauten 협동조합은 경작지의 땅값을 감당할수 없게 된 농부들을 집중 지원하는 단체다. (독일에서도 토지 수탈이나 부동산 투기 때문에 땅값이 터무니없이 오르고 있다.)

이처럼 시간과 노력을 들여 대안을 찾고 나면 슈퍼마켓에 더는 의존하지 않아도 된다. 직접 겪어보니 대안적인 방법들이 슈퍼에 가는 것보다 힘들지도 않고 오히려 장점이 많았다. 기분 좋게 사 온 식재료로 더 다양하고 맛있는 음식을 차린다. 새로운 먹을거리 생활은 지구의 다른 존재뿐만 아니라 무엇보다 우리 건강에 이롭다.

비거니즘과 먹을거리 불평등

우리는 둘 다 수십 년 동안 채식주의자였고, 지난 이삼 년 동안은 비건으로 살고 있다. 이 사실을 밝힐 때마다 주변 사람들은 어떤 방어 자세를 취하곤 했다. 우리가 운영하는 블로그에서도 비건 관련 글에는 유독 격앙된 댓글들이 주기적으로 달렸다. 고기를 먹는 사람은 비건이나 채식주의자에게 비도덕적으로 평가되는 느낌을 받고, 반면 '하드코어 비건'은 육식하는 이들이 어떻게 '시체'를 먹고 사는지 이해할 수 없다고 호소한다.

비거니즘을 둘러싼 양극화가 심하다. 그런데도 우린 이 논쟁적이고 감정적이고 윤리적인 주제, 즉 '뜨거운 감자'를 다뤄야만 한다. 우리가 외면할 수없는, 생태적·사회적으로 매우 중요한 문제이니까.

일단 세계의 기아 문제부터 시작해 보자. 몇 년 전 일주일 동안 하루에 쌀밥 한 그릇만을 먹는 캠페인에 참여한 적이 있다. 세계 곳곳에서 8억 2100

만 명이 굶주리고 있는 현실을 드러내려는 캠페인이었는데, 평소처럼 일하면서 그렇게 적은 양을 먹자니 정말 어려웠다. 그런데도 실제로 굶주리는 이들의 마음을 온전히 이해할 순 없다는 사실을 깨달았다. 우리는 언제든 이 '실험'을 끝내고 원하는 만큼 먹을 수 있으니까. 고도로 발전한 현대사회에서도 아홉 명에 한 명은 여전히 굶주리고 있다니. 그들은 우리처럼 툭하면 배가 부른 느낌이 어떤 건지 모를 것이다.

이 잔인한 현실은 부끄러워해야 할 문제다. 사실 전 인류에 돌아갈 만큼 충분한 식량은 이미 있다. 우리는 현재 110억~120억 인구 전체가 먹을 수 있는 양을 생산하지만 공평하게 배분하지 않고 있다. 경작지로 따지면 공정하게 나눌 경우 지구상 모든 사람들은 각자 2,000제곱미터 땅을 소유해 식량을 생산할 수 있다. 그런데 2008년 기준으로, 소수의 부유한 산업국가에서는 1인당 4,620제곱미터 땅을, 나머지 국가에서는 1인당 1,860제곱미터 땅만을 가지고 있다.

이 상황이 우리가 먹는 빵이나 요구르트와 무슨 상관이 있냐고? 남아메리카의 한 농부가 곡물 50킬로그램을 수확했다고 가정해 보자. 농부는 이 곡물을 10킬로그램씩 동네 사람 다섯 명에게 팔거나 전부를 통째로 부유한 산업국가의 축산업자에게 팔 수 있는데, 소먹이로 판매해야 더 높은 비용을 받을 수 있으니 곡물 50킬로그램은 결국 부유한 국가로 빠져나간다. 식량이 불공정하게 분배되는 단적인 예다. 독일의 경우도 비슷한데, 어느 개발도상국의 거대한 땅 3500만 헥타르를 오로지 자국 식량과 가축 사료를 위해 점유하고 있다.

게다가 개발도상국이나 저개발국에서 산업국가로 수출되는 농산물은 대부분 소규모 지역 농민이 아닌, 땅을 대거 사들인 다국적 영농 기업들이 생산한 것이다. 이런 시스템에서 재배된 남아메리카산 유전자 변형 대두의 90퍼센트 이상은 공장식 축산업에서 사료로 쓰인다. 그 사료를 먹고 자라 도축된 고기는 부유한 나라 사람들이 더 많이 소비한다.

누군가는 육류를 과다 섭취해 건강을 해치고, 다른 수백만 명은 고기가 필요해도 구하지 못한다. 그런 와중에 이산화탄소 배출은 점점 늘어나 지구 대기는 더 뜨거워지고 생물종이 감소한다. 인공 비료와 살충제를 많이 쓰는 대규모 단일 경작은 열대우림 파괴의 주원인 중 하나다. 유기농 육류는 '차악일 뿐'이라는 이미지와 높은 가격으로 소비자에게 외면당한다. 그래서 어떤 이들은 공정한 임금을 지불하면서 친환경적 농업 경제를 지속적으로 운용하는 것은 불가능하다고 아예 선을 긋는다.

우리가 먹는 것이 곧 우리 자신이다

1950년 당시, 평균 수준의 월급을 받던 사람이 돼지고기 1킬로그램을 사려면 234분을 일해야 했지만, 2009년에는 32분으로 줄었다. 최종 소비자가에 환경오염을 고려한 비용이 빠졌기 때문에 가능한 일이었다. 미국의 한 연구자는 환경비용이 제대로 반영된다면 햄버거 하나 가격이 200달러에 달할 거라고 하니, 우리가 익숙해져 있는 비용은 이상할 정도로 잘못 책정되어 있다.

우리는 값싼 먹을거리를 누리는 것을 마땅한 권리로 여기고 있는지도 모른다. 세상이 어떤 대가를 치르더라도 말이다. 하지만 계속 외면할 수 있을까? 불의와 고통, 파괴를 마주하면서도 마냥 무관심한 태도를 유지할 수 있을까? 고통스럽게 살다가 죽음을 맞는 동물들에게서 나온 음식은 우리 몸에 어떤 영향을 줄까?

먹는다는 것은 주변 환경과 연결되는 가장 강력한 방법 중 하나다. 우리가 먹는 것은 몸의 일부가 되고, 감정과 마음에도 영향을 끼친다. 자기가 먹는 음식이 곧 자기 자신이라는 말도 있지 않나. 먹을거리의 본질을 이보다 더 잘 요약할 수는 없을 것 같다.

한편 비용 문제로 좋은 음식에 접근하기 어려운 경우도 있을 것이다. 그러나 환경 연구 기관인 위코 인스티튜트Öko Institut e.V.의 발표에 따르면 생활비가 빠듯하더라도 바람직한 소비에 동참할 수 있다. 영양 전문가들의 조언대로 고기 섭취를 일주일에 300~600그램으로 줄이면 1년에 80유로 정도만 더 지출해도 유기농 식단으로 먹을 수 있다. 간편식을 피하고 생수 대신 수돗물을 마시는 것도 좋은 음식을 위한 예산을 확보하는 데 도움이 된다.

여기서 또 다른 문제인 음식물 폐기 문제도 짚고 넘어가야 한다. 음식을 지금보다 적게 버리는 것만으로 환경적·경제적 비용을 꽤 절약할 수 있다. 독일에는 식재료의 절반가량이 쓰레기통으로 간다는 통계가 있는데, 이는 음식 가격에도 반영되어 있다.

먹을거리가 쓰레기가 되는 과정은 농장에서부터 시작된다. 판매처의 기준에 맞지 않는 채소나 과일은 너무 크거나 너무 작다는 이유로 많이 폐기되니 말이다. 특히 생선의 경우는 심각하다. 과학자들은 바다에서 잡히는 생선의 40퍼센트가 부가적인 수확물로 분류되어 무의미하게 죽고 버려진다는 점을 지적한다.

이처럼 폐기 문제는 대부분 부정적인 결과를 불러오지만 그만큼 개선의 여지도 많다. 개개인이 각 가정의 음식물 쓰레기를 줄이고 지역에서 구한 제철 유기농 작물로 채식을 한다면 탄소 배출을 최대 20퍼센트나 줄일 수 있다.

푸드 쉐어링Food Sharing 같은 커뮤니티를 통해 지역 빵집·마트·식당에서 팔고 남은 음식을 무료로 얻고, 그렇게 아낀 돈으로 유기농산물을 살 수도 있다. 또 지역의 소규모 생산자들과 공정무역 제도를 지지함으로써 변화를 일으킬 수 있다. 세계 농업 보고서는 그동안 많은 사람이 추측만 해온 것들을 입증해 준다. 소규모 농업 시스템이 지구상 모든 사람의 영양을 사회적·경제적·생태적으로 보장해 주는 가장 중요한 대안이라고, 네덜란드 출신의 요리사이자 활동가인 밤 캇Wam Kat 이 우리에게 들려준 말은 실로 의미심장하다.

"세상을 구하려면 꼭 비건으로 살아야 할까요? 비건이 마법의 단어도 아니고, 늘 친환경적이고 공정한 것도 아닌데요. 사실 쓸데없는 비건 제품들도 있으니까요. 생분해 비닐에 들어 있는 비건 칠면조는 실제 칠면조 고기보다 환경에 해로울 거고, 미국에서 수입한 비건 마요네즈도 마찬가지예요. 시장은 비건을 새로운 사업으로만 보고 있으니 소비자들이 제대로 생각해야 해요. 제가 좋아하는 요리 관련 정치적 행동은 영국의 '피드백Feedback'에서 개최하는 **5천 명을 먹여라** Feed the 5000, **뿌리로 돌아가기** Back To The Roots 같은 단체 요리 이벤트입니다. 독일에도 비슷한 행사가 있죠. **쓰레기통으로 가기엔 너무 아까운** Zu gut für die Tonne, **쓰레기통 대신 접시** Teller statt Tonne 라는 프로그램으로, 수천 명이 '버려질 뻔한' 것들로 요리하면서 우리가 평소 얼마나 낭비하며 사는지 보여줍니다."

의식하고 장보기

🕐 2주
☑ ★

❶ **1주 차** : 평소처럼 장을 본다. 구입한 물건 목록을 작성하고 이것이 사회에 어떤 영향을 끼치는지 살펴본다.

❷ **2주 차** : 유기농·공정무역·지역·제철 먹을거리를 의식적으로 선택하고 전주의 구입 목록과 비교해 본다. 어떤 기준으로 식재료를 선택했는가? 기분이 어떤가?

식사의 소중함 느끼기

🕐 4주
☑ ★★★

❶ **1주 차** : 매 끼니마다 모든 음식을 직접 만든다. 시간이 많이 걸리는 일이지만 평소 사 먹는 음식의 가치를 알 수 있다.

❷ **2주 차** : 언제 식사를 하는가? 무엇을 왜, 얼마나 규칙적으로 먹는가? 매일 저녁 답을 기록해 본다. 주변 사람들은 어떤지도 관찰한다.

❸ **3주 차** : 건포도나 견과를 한 알씩 집어 관찰한다. 어떻게 생겼는지, 맛과 촉감이 어떤지, 씹고 삼킬 때 느낌은 어떤지 충분한 시간을 들여 생각한다.

❹ **4주 차** : 의식적인 음식 소비를 위해 중요한 활동. 일주일 정도 매일 밥 한 그릇만을 먹는다. (건강한 상태가 아니라면 의사와 미리 상의할 것)

식재료 구출하기

🕐 4주
☑ ★★

멀쩡한 음식을 쓰레기통에 버리기 아까운 이유는 셀 수 없이 많다. 매주 새로운 대안을 모색하는 음식물 구조대로 활동해 보자.

❶ **1주 차 : 제대로 보관하기**
식재료 대부분은 보관 문제로 상한다. 냉장고를 매주 정리하되 냉동실이나 문 쪽 수납공간은 6개월마다 정리한다. 더 이상 보관할 수 없는 재료는 골라낸다.

❷ 2주 차 : 좋은 가게 찾기

유통기한 임박 식재료를 모아 파는 슈퍼, 전날 나온 빵을 할인 판매하는 빵집, 남은 음식을 포장해 주는 식당을 집 근처에서 찾아본다.

❸ 3주 차 : 남은 식재료로 파티 열기

남은 식재료를 활용하기 좋은 메뉴인 샐러드, 야채수프, 부침개, 토르티야를 만들어 먹는다.

❹ 4주 차 : 식재료 나눠 주기

주변에 구조되길 기다리는 식재료가 있는지 시민단체나 인터넷 플랫폼을 통해 알아본다.

비건으로 살아보기

⏰ 4주
✅ ★★★

세상에는 아직 고기와 우유, 달걀 없는 삶을 상상도 못 하는 사람이 많다. 여러분은 어떤가? 한 달 동안 비건 라이프스타일을 시도해 보자!

❶ 준비하기

식생활을 바꾸고 싶은 이유를 적어 매일 보는 곳에 붙여 놓는다. 완벽할 필요는 없으니 부담 가지지 말자.

❷ 주변에 알리기

주위 사람들의 지지를 얻자. 육식을 즐기는 이들과 함께 살고 있다면 분위기에 휩쓸리지 않을 방법을 고민해 본다.

❸ 실험하기

인터넷으로 수많은 비건 레시피와 대체 식품 정보를 얻을 수 있다. 가장 좋아하는 요리를 비건식으로 만들어보고 다양한 레시피를 시도해 본다. 비건 제품을 살 수 있는 곳도 찾아본다.

❹ 보상하기

자신에게 보상을 준다. 멋진 비건 레스토랑에 가서 맛있는 음식을 먹거나 오랜만에 만나는 친구들과 비건 저녁 모임을 결성해 즐겁게 보내자.

입을 거리
대안적 쇼핑 즐기기

캄보디아 프놈펜에 위치한 의류 공장 앞, 누군가 흰색 플라스틱 의자에 웅크려 앉아 울고 있다. 패션 블로거 아니켄이다. 그는 자신이 소개하는 옷이 만들어지는 과정을 보기 위해 한 신문사와 함께 노르웨이에서 날아와 영상을 촬영 중이었는데, 옷 공장에서 봉제 노동자 체험을 하다 생각보다 너무 힘든 나머지 울어버린 것이다.

아니켄은 이미 재봉사와 함께 자기 집 방바닥에 앉아 하루 종일 옷 만드는 노동을 하고 그 과정을 인터넷에 공개한 바 있다. 열두 시간 동안 눈이 벌게지고 손가락이 굳도록 일했지만 번 돈은 겨우 10유로, 그 돈으론 멀건 야채수프밖에 먹을 수 없었다. 아니켄은 대다수의 사람들이 패션업계의 실태를 전혀 모르는 채 그저 소비하며 사는 데 문제의식을 느꼈다. 그의 성향상 이런 방향의 인플루언서 활동이 낯설고 힘들지만 포기하지 않는 이유다.

캄보디아에서는 열아홉 살짜리 재봉사를 만나기도 했다. 그는 의사가 꿈이라고 했지만, 옷 공장에서 버는 돈이 집안의 유일한 수입인데 의학 공부를 할 수 있을까? 엄마도, 동생들도 굶고 있는데 말이다. 아니켄은 자기와 비슷한 나이에 '보람 있는 삶'을 갈망하는 청년의 모습에 마음이 아팠다. 불편한 진실을 마주한 아니켄은 카메라 앞에서 용기 있게 고백했다.

"노르웨이에 살면서 저는 종종 세상에는 별로 중요하지 않은 사람들도 있게 마련이라고 생각했어요. 사회에서 별다른 역할을 하지 않는 잉여 같은 사람들. 제가 멋대로 그렇게 판단한 이들에게도 꿈과 목표가 있다는 걸 몰랐어요."

스타일은 적게 소유하는 것에서

사실 우리는 이미 알고 있다. 우리가 착용하는 옷, 신발, 액세서리는 음식과 마찬가지로 사람과 동물, 환경을 착취해서 만들어진다는 진실을. 애써 무시해왔을 뿐이다. 그러면 아무것도 바뀌지 않는데 말이다.

물론 옷차림은 인간에게 소속과 경계를 나타내는 중요한 상징이다. 어떤 옷을 입느냐가 어떤 종류의 사람인지를 드러낸다는 믿음도 널리 퍼져 있다. 각자가 지닌 패션 의식은 우리가 사회적 존재임을 나타내는 특성이기도 해서 무조건 배척해선 안 될 것이다. 그렇지만 현대사회에서 우리는 패션에 너무 쉽게 현혹되는 경향이 있다. 은연중에 새 옷을 입으면 더 아름답고 호감 가는 사람이 될 수 있다고 믿으며 사고 또 산다. 옷값이 너무 싸니 숨 쉬듯 계속 쇼핑을 해댄다.

우리는 이 책을 쓰면서 비로소 여러 대안을 시도해 보았다. 150명쯤 되는 사람들이 북적이는 공간에서 열린 옷 교환 파티에서는 산처럼 거대하게 쌓인 옷·스카프·가방 등 중고품 더미를 헤집고 다녔는데, 의외로 꽤 재미를 느꼈다. 우리 외에도 이미 많은 이들이 현대 패션 산업과 결별하고 나름의 대안적 삶을 살고 있다는 사실도 배웠다. '옷 처방' 워크숍을 진행하는 렌카와 아니카는 사람들에게 매년 봄 7주 동안 30가지 아이템으로만 지내보라고 권한다.

"옷을 적게 소유하고 질 좋은 옷을 세심하게 고르는 태도는 결핍과는 전혀 달라요. 옷을 줄이는 캠페인을 하면서 사람들은 갈수록 해방감을 느끼거든요. 값싼 옷으로 넘쳐나는 옷장에서 풍요가 아닌 짓눌리는 느낌을 받아요. 옷을 줄여본 사람이라면 얼마나 머릿속이 맑아지는지 알게 되죠. 혹시 몰라서 쟁여 둔 옷들을 떠나보내고 남은 간결한 옷장이야말로 자신의 패션 취향과 진정한 필요를 보여주거든요."

우리는 1년에 평균 240킬로그램의 옷을 산다. 이 중에는 한 번 혹은 아예 입지 않고 버리는 옷이 꽤 많다. 의류 산업이 에너지와 자원을 가장 많이 소비하는 부문 중 하나라는 현실을 알면 더는 옷으로 낭비할 여유가 없다.

옷 교환 파티라는 대안을 알기 전엔 친환경적으로 생산된 공정무역 옷을 찾으려고 노력했는데, 쉽지 않았다. 옷에 붙은 상표는 식품 상표보다 이해하기 복잡하고 어려웠다. 공정한 노동 환경을 보장한다거나, 환경을 보호한다는 인증 마크가 달린 옷들 중에는 겨우 양심을 달래주는 수준인 것도 있어서 회의감이 들기도 했다. 패션 의류 분야는 각종 인증 마크가 우후죽순 생겨나는 시기를 거쳤는데, 최근 몇 년 사이 인증 제도가 몇 가지로 합쳐졌다.

독일에서는 **블루 엔젤**Blue Angel과 **공정무역**Fair Trade이 대표적인 인증 마크다. **페어 웨어 파운데이션**Fair Ware Foundation은 윤리적인 노동 환경은 보장하지만 친환경성에 대해서는 언급하지 않는다. 세계적으로 통용되는 **글로벌 유**

쇼핑 충동이 든다면?

다음 질문을 따라가 보자

꼭 필요한가?

통계를 보면 구매 후 한 번도 입지 않은 옷이 다섯 벌 중 한 벌로, 독일에서만 거의 10억 벌에 달한다. 싼값에 현혹되지 말고 사기 전에 정말로 필요한 옷인지 고민해 보자.

예

고쳐 입을 만한 옷이 있는가?

설문조사에 따르면 수선집에 다니는 사람은 별로 없다. 기존의 옷을 고쳐 입으면 얼마나 많은 동물과 숲을 살릴 수 있을지 상상해 보라.

예

아니요

중고 가게

꼭 새 옷이어야 할까?

옷 교환 파티 등을 통해 옷에 두 번째 삶을 선물하자. 독일에서는 옷 교환 행사에 참여하는 사람이 17퍼센트나 된다. 44퍼센트는 옷을 중고로 사거나 팔아본 경험이 있다. 중고 옷 가게는 온라인에도 있다.

아니요 ◀◀

예

오래 입을 수 있는 옷을 산다

예

유기농 옷을 살 수 있는가?

가장 중요한 옷감인 면은 만드는 데 많은 양의 물과 화학물질
이 필요하다. 보통 청바지 한 벌에 물 7,000리터와 화학물질
3,500리터가 들어간다. 유기농 면은 살충제가 필요 없고 이산
화탄소 배출량도 적으며, 90퍼센트가량이 유전자가 조작되지
않은 씨앗에서 나온다.

예

공정무역 제품을 살 수 있나?

일반적인 티셔츠의 가격에는 목화를 수확하고
직물로 짜고 물들이고 바느질한 사람들의 임금
이 단 0.6퍼센트만 포함되어 있다.

 ▶▶

입을 거리

기농 의류 기준GOTS, Global Organic Textile Standard은 생태적·사회적 기준 모두를 포함하는데, 현재 가장 까다로운 기준이라고 할 수 있다. **위코텍스 스탠다드 100**Ökotex Standard 100도 흔한데, 최종 제품에 해로운 물질이 기준치 이상 포함되지 않았다는 것을 인증하는 제도다. 이 마크가 붙은 옷을 사면 건강에는 문제가 없겠지만, 생산 과정에서 독성물질이 얼마나 사용되며 노동자들이 공정한 대우를 받는지는 알 수 없다.

그렇다고 높은 가격과 알려진 브랜드가 기준은 아니다. 몇몇 저렴한 브랜드 중에서도 믿을 만한 업체가 있다. 요즘은 소규모 유기농 공정무역·비건 브랜드들이 생기고 있는데, 광고 예산이 적다 보니 인지도가 낮고 가격이 비싼 편이다. 이것저것 알아보자면 다소 번거롭겠지만 우리는 소비자로서 믿을 만한 제조사를 신중하게 알아봐야 한다. 오늘날 왜곡된 경제 시스템이 가장 첨예하게 드러나는 분야가 바로 의류 분야이기 때문이다.

휘둘리지 않으려면 생태적 안목을 키우자

패스트 패션을 주도하는 글로벌 기업들은 이윤을 극대화하기 위해 새 컬렉션 출시 횟수를 연 4회에서 52회로 늘렸다. 새 옷을 일주일에 한 번꼴로 내놓는 셈이다. 끊임없이 새로운 옷을 만들어내 소비를 일으키자는 전략이 통한 걸까. 2000년에서 2015년 사이 전 세계적으로 신제품 구매량이 500억 벌에서 1,000억 벌로 두 배나 늘었다. 입을 수 있는 상태로 수거함에 버려진 옷은 10억 벌이 넘는다. 그중 다수가 아프리카로 보내진다. 혹시 버려지지 않을 거라고 생각하는가? 수거함에서 아프리카 시장으로 톤 단위로 보내지는 중고 옷들이 그곳 사람들에게 정말로 도움을 주는지, 반대로 현지 산업과 패션 문화를 파괴하는지 우리는 잘 알지 못한다.

자원 소비 문제도 심각하다. 의류 산업에서 가장 중요한 원재료인 면을 살펴보자. 면의 원료인 목화는 세계 경작지의 불과 2퍼센트 되는 면적에서 재배되지만, 살충제 소비량으로 따지면 4분의 1을 차지한다.

청바지는 한 벌 만드는 데 물 7,000리터가 들어가고, 매년 전 세계적으로 30억 벌이 팔려 나간다. 면직물을 염색하는 과정에선 인체에 호르몬 작용을 하는 독성물질이 막대하게 들어간다. 이 물질은 공장 주변뿐만 아니라 남아공 해안가 주변 대기, 북극곰이 사는 강, 심지어 모유에서도 발견된다.

그나마 살충제와 에너지, 물을 적게 쓰는 유기농 목화 농장이 꾸준히 늘고 있어 다행이다. 매년 씨앗을 새로 사야 하는, 유전자 개량종을 쓰는 일반적인 목화 재배로는 수익을 별로 내지 못한다. 소농들은 빚에 허덕이다 농약을 먹고 생을 마감하기도 한다. 반면 유기농 목화씨로 농사를 지으면 나중에 씨를 받을 수 있어서 효율적인데, 실제로 따져 보면 수확량은 상대적으로 많지 않지만 생산 비용도 그만큼 적게 든다.

한편 친환경 인증 협회에서는 합성섬유를 재활용하는 연구를 하고 있다. 페트병 또는 신발에서 나온 재료나 합성섬유를 재활용하면 에너지를 76퍼센트, 이산화탄소는 71퍼센트까지 줄일 수 있다. 헌 옷과 신발 등을 수거해 새 제품으로 만드는 아웃도어 의류 브랜드 '파타고니아' 같은 시장 개척자도 존재한다.

10년 가까이 비건으로 살아온 잡지 편집자 겸 스타일리스트인 크리스티아나 퀴크Christianna Quack는 몸에 걸치고 있는 것들이 먹을거리 기준과 어긋난다는 것을 깨닫곤 옷이 어떻게 만들어지는지 조사하기 시작했다. 그렇게 알게 된 것 중에는 한 번도 생각해 보지 않은 사실도 있었다.

"가죽 생산 과정에서 동물들이 어떤 고통을 받는지… 이런 문제들 말이에요. 가죽은 육류 생산에서 나오는 부산물이 아니더라고요. 가죽 처리 공정에서 말도 안 되는 양의 화학 약품이 쓰인다는 것도 알게 되죠. 그 밖에도 양털을 깎는 과정에서 양들이 가혹하게 다뤄지며 상처를 입는다는 것, 거위털 재킷을 위해 거위들이 1년에 다섯 번이나 산 채로 깃털을 뽑힌다는 것, 앙고라토끼도 산 채로 털을 뜯긴다는 것, 실크 섬유 때문에 유충들이 끓는 물에 던져진다는 끔찍한 사실도요."

이후 크리스티아나는 면처럼 동물을 착취하지 않는 재질의 옷만 사게 되었다. 진주나 뿔로 만든 단추, 청바지에 달린 가죽 장식 같은 옷의 작은 부분까지 살폈고 대체용 비건 제품도 찾아다녔다.

"생각보다 쉽게 구할 수 있었어요. 사과즙으로 만드는 가죽 대체제는 겉보기에 가죽과 똑같아요. 열대 식물인 판야 나무 섬유질은 거위 털의 훌륭한 대체물이죠. 페트병을 재활용해서 만든 인조 모피도 있어요. 온라인 가게가 많은 요즘은 비건 패션을 찾기가 그리 어렵지 않아요. 비건 지향인 데다 공정성까지 갖춘 유기농 옷을 사면 옷장을 열 때마다 행복해요."

재활용보다는 재사용으로

매년 7천만~8천만 마리의 동물들이 의류 생산 과정에서 죽는다. 유충 3천 마리가량으로 고작 실크 450그램을 얻을 뿐인데 말이다. 생명의 대가로 만든 옷은 우리에게 어떤 의미일까?

어느 측면에서 보더라도 가장 공정하고 생태적인 행동은 소유한 옷을 가능한 한 오래 입는 것이다. 누군가는 한숨을 쉬며 이렇게 생각할지도 모르겠다. '난 빼줘! 맨날 똑같은 옷 입고 다니는 건 재미없다고.' 하지만 알고 보면 패션에 관심이 많은 사람들도 실천할 수 있는 재밌고 멋진 대안들이 많으니, 금세 포기하진 말자.

우리 둘은 최신 유행을 별로 신경 쓰지 않고 옷이 해질 때까지 입는다. 품질 좋은 옷을 사야 할 때는 로컬 디자이너 가게나 친환경 브랜드를 취급하는 작은 로드 숍에서 산다. 이렇게 오랫동안 뒤져서 찾아낸 옷들은 우리의 '최애템'이 된다. 그 밖에는 대부분 벼룩시장을 어슬렁거리며 중고 옷을 고른다. 또 옷이 어떤 방식으로 탄생하는지 과정을 알 수 있는 가게를 찾아내 단골이 된다. 최근에는 돈 한 푼 안 들이고 새로운 옷을 건질 수 있는 옷 교환 파티를 즐기게 되었다. 각자 입지 않는 옷을 가져와 진열하고, 다른 사람이 가져온 것 중 마음에 드는 옷을 고르는 모임이다. 이렇게 고른 옷을 입고 나가면 꽤 맵시 있다는 말을 듣는다.

스타일이 늘 새것에서 나오는 건 아니다. 뉴욕에서 패셔니스타로 유명한 디자이너 제시 애링톤은 늘 새로운 옷차림에 집착하지만 중고 옷만 구해 입는다. 그녀는 중고 옷 쇼핑을 보물찾기로 비유한다. 몸에 맞는 사이즈, 마음에 드는 색깔, 20달러 이하의 가격. 이 조건을 충족하면 제시의 옷이 된다. 이 얼마나 명쾌하고 발랄한 쇼핑인가. 캄보디아의 재봉사들을 위해 큰 캠페인을 벌인 아니켄과 중고품을 애용하는 제시. 세상을 구하는 일은 이처럼 다채롭고 세련된 모습이다.

입을 거리

전환을 위한 **행동**

⏰ 소요 시간   ✅ 난이도

옷 정리하기

⏰ 7주
✅ ★★

1년에 한 번 7주간 옷 50벌로만 생활한다.
1년 내내 해보는 것도 좋다.

❶ 옷장 비우기
현재 옷이 몇 벌 정도인지 확인한다.

❷ 옷 고르기
그중 50벌을 골라 옷장에 넣는다.

❸ 처방 효과 점검하기
어떤 옷이 계속 생각나는지, 원하는 스타일을 드러낼 수 있는지, 자신에게 얼마나 중요한 옷인지 적어본다. 앞으로는 옷을 더 신중히 선택하고 더 작은 옷장으로 세상을 이롭게 하자.

쓰임새 바꾸기

⏰ 3~4시간
✅ ★★

· 업사이클링 upcycling
입지 않는 옷을 골라 무엇을 만들지 고민해 본다. 티셔츠로 장바구니를, 낡은 바지로 치마나 가방을 만들 수 있을까? 스웨터를 조금 고치면 다시 입을 수 있을까? 다양한 아이디어가 있는 웹사이트 핀터레스트에서 재활용 방법을 찾아 본다.

· 리페어 카페 Repair Cafe
물건이 고장 나면 다 버려야 할까? 리페어 카페에 가보자. 재봉틀도 있고 수리해 주는 사람도 있다. (한국에서는 '다시입다연구소'의 '21퍼센트랩'을 이용해 보자. 의류 교환, 수선 체험을 할 수 있다. @wearagaincampaign-편집자)

옷 교환하기

⏰ 4~6시간
✅ ★★

주변에 옷 교환 모임이 없다면 직접 열어보자. 집에서 작게 진행해도 되고 시민단체와 협력해 판을 키워도 좋다. 행사 후 남은 옷을 어떻게 활용할지도 생각해 본다.

자신을 바꾸기

중고 패션 뽐내기

⏱ 3~12시간
✓ ★★

지갑에도 환경에도 유익한 중고 옷은 즐겁고 새로운 이야기로 삶을 풍요롭게 한다.

❶ 준비 : 중고 옷으로 생활할 기간을 정한다.

❷ 공급처 : 어떤 곳들이 있는지 알아본다. 중고 가게, 벼룩시장, 옷 교환 파티, 무료 나눔 모두 고려한다.

❸ 쇼핑 : 일정 기간 동안 옷장을 중고품으로만 채운다. 예쁘고 저렴한 옷이 보인다고 '지름신'에 현혹되지 말 것!

❹ 균형 : 활동을 마무리하며 얻은 것과 아쉬운 점을 정리한다. 이제 옷장을 어떻게 바꾸고 싶은지, 어떤 노력을 할 것인지 계획을 세운다.

✚ 오래된 옷 제대로 버리기

모든 기부처가 바람직한 것은 아니다. 가능하면 옥스팜 Oxfam 같은 구호 단체에서 운영하는 중고 가게에 기부한다.

(한국에는 아름다운가게·구세군희망나누미·굿윌스토어·행복한나눔·녹색가구가 있다. – 편집자)

설문조사 하기

⏱ 5~10시간
✓ ★★

옷을 살 땐 직원에게 제품 생산지의 사회적·생태적 환경을 물어보자. 질문하는 사람이 많아질수록 직원도 신경을 쓸 테고 문의가 늘어나면 경영진도 제대로 대응할 것이다.

✚ 의류 산업 문제는 매우 복잡해서 에코 소비만으로는 해결할 수 없다. 회사와 정치 세력을 움직여야 한다. 그들에게 더 많은 책임을 지우려면 지역 단체나 비정부기구를 통해 활동해 보자.

05

일
가치 만들기

함부르크 박람회장 B7홀. 2015년 8월부터 이곳에는 물건이 쌓이고 있다. 옷가지에서 장난감까지 모두 지역 시민들이 기부한 물품이다. 난민 수천 명이 항구 도시 함부르크로 들어오면서 기부 물품도 한데 모인 것이다. 바로 옆 B6홀에는 난민 1천 명 이상이 임시로 머물고 있는데 이들에겐 당장 옷과 신발, 세면도구 같은 생필품이 필요하다.

이때 기부품 조달 활동이 빠르게 시작되었다. 처음에는 단 네 사람이 옷 한 무더기로 시작했는데 체계가 갖춰지면서 참여 인원도 늘었다. 단시간에 자원활동가 수백 명이 모여든 것이다. 덕분에 상자를 나르고 옷가지를 분류하는 등 물류체계가 금방 자리를 잡았다. 이 같은 자원 활동은 책임자가 따로 없고 누구든 일정한 시간에 일하기 어려운 방식인데도, 사람들은 일손이 필요한 곳에 곧잘 찾아간다. 도움이 필요한 곳에 힘을 보태길 원하고, 이해타산 없이 그저 일로 보람과 만족을 느끼고자 하는 이들이다.

일이란 무엇인가

도미니크는 그들 중 하나로 요즘은 자기 본업을 미루면서까지 활동에 깊이 관여하고 있다. 그에게 왜 그렇게까지 하는지 물었더니 "자기 자신을 위해서"라고 한다. 휴가를 기다리며 직장에 다니는 틀에 박힌 삶보다 난민을 위해 물자를 관리하는 생활에 살아 있음을 느낀다며, 그 일에서 얻는 의미가 자기 삶과 행동에 투영되어 충만감이 든다고 덧붙였다. 생계를 위해 직장 생활이나 임금노동을 등한시할 순 없지만, 도미니크는 자원 활동으로 일의 본질을 되묻게 되었다. 일은 과연 우리 삶에서 어떤 존재인가? 무슨 일을 할 때보다 만족스럽게 살 수 있는가?

우리는 평소 친환경 제품이나 공정무역 제품을 사고, 시민단체에 기부금을 내고, 집회에도 나가며 가치 지향적으로 살고 있다. 그런데 세상을 바꾸고 싶다는 꿈을 안고 나아가다 보니 이런 생각이 들었다. 사람들은 왜 스스로도 대단치 않게 여기는 노동에 대부분의 시간을 쓰는 걸까? 일이 자기 발전이나 사회에 별로 중요하지 않다고 느끼면서도 계속하게 되는 이유는 뭘까?

실제로 자기가 하는 일에 회의를 느끼는 사람은 많다. 노동부 연구에 따르면, 오늘날 독일인의 45퍼센트가 본업이 이상과 거리가 멀다고 답했다. 베를린 공과대학에서 **시간 복지**(여가와 노동을 비롯한 삶의 여러 측면에서 질적인 시간을 확보하는 것에 대한 학문적 논의-옮긴이)를 연구하는 게릭 폰 요크Gerrit von Jorck는 시간 복지를 중요시하는 혁신가들이 고용 시장 외부에 그들 자리를 마련해 불안에 대응한다고 말한다. 도시 텃밭 모임 같은 자급자족 활동에 참여하고 탈상업적 공간에서 시간을 보내며 시스템에 대한 의존도를 낮추는 방식인데, 임금노동 외에 무슨 일을 하는지가 삶에 새로운 의미를 부여할 수 있다는 뜻이다.

우리는 이 개념에 깊이 공감하게 되었다. 주변을 둘러보면 급히 해결해야 할 사회 문제나 당장 일손이 필요한 프로젝트가 수없이 많다. 우린 더 이상 누군가 의미 있는 일을 맡겨주기를 기다리지 않기로 했다.

일의 세계에서 마주하는 모순들

현재 진행 중인 4차 산업혁명 사회에서는 노동에 대한 선택권이 넓어졌다고들 말한다. 미래에는 일자리 대부분을 인공 지능이 채우게 된다는 예측도 떠돈다. 어쩌면 인간의 지시를 기다리는 로봇 시대는 가고, 오히려 인간이 똑똑한 인공 지능의 지시를 따르게 될지도 모른다. 일자리는 얼마나 사라질까? 과학자들 사이에서도 의견이 분분한 주제다. 옥스퍼드 대학 교수 카를 프레이Carl Frey와 마이클 오스본Michael Osborne이 2013년에 발표한 논문 「미래의 고용The Future of Employment」에 따르면, 미국에서 47퍼센트에 달하는 일자리가 사라질 수도 있다고 한다.

이 모든 예측을 긍정적으로 받아들인다면 어떨까. 머지않아 기계에 일을 맡기고 의미 있는 데만 삶을 집중할 수 있다고 말이다. 그런데 문제는 대다수 사람들이 긍정적 가능성을 꿈꾸고 기뻐하기보단 두려움에 시달린다는 점이다. 노동을 그다지 즐기지도 않으면서 왜 사라질지도 모른다고 불안해할까.

일을 좋아하지 않으면서도 못 하게 될까 봐 두려워하는 아이러니는 일과 생계, 명예가 서로 긴밀하게 연결되어 돌아가는 사회상을 보면 어느 정도 이해가 간다. 돈을 많이 버는 사람은 업무에 모욕적이거나 파괴적인 면이 있어도 가치 있는 존재로 대우받지 않는가. 이런 논리 앞에서 적은 돈을 벌거나 아예 벌지 않는 사람은 무가치하다. 그러다 보니 사회적으로 의미 있는 돌봄 노동인 양육, 간호, 동물 구호 일을 하는 이들은 홀대받는다. 예술가들도 마찬가지다.

실업 상태에 놓인 사람들은 이러한 가치 구조에서 타격을 더 많이 받는다. 돈도 명예도 가지지 못한 상황인데 마치 이것만으로도 부족하다는 듯 '편하게 놀고 있으니' 노동 시장으로 빨리 돌려보내야 한다는 인식이 지배적이다. 이 과정에서 실업자들은 심리적 문제를 얻게 된다.

독일을 비롯해 세계 곳곳에서는 빈부 격차가 심해지고 있다. 사회가 양극화될수록 삶은 다수에게 점점 더 힘들어지고 사람들은 사회에서 퇴출당할지 모른다는 두려움에 시달린다. 정신 질환이 늘어나면서 사회 보장 세금으로 감당하는 의료비도 수십억 유로나 늘었다.

그런데도 우리는 임금을 깎아서라도 취업하고 싶은 구직자인 동시에 번아웃이 올 때까지 견디며 일하는 노동자다. 일자리 개수를 늘리는 과정에서 문화·돌봄·교육·환경 분야의 열악한 노동 조건을 묵인하고 아동 노동이나 노예 노동, 생태계 파괴도 감수한다.

임금노동이 누군가의 물리적·사회적 실존과 전적으로 동일시될 수 없는데도 수많은 임금 노동자들은 자신의 창조성이 억눌리는 와중에 '4차 산업혁명'이라는 당근과 '세계 고용 시장 경쟁'이라는 채찍 사이에서 일하고 있다. 사람들이 그리 대단치 않은 일자리를 두고도 치열하게 싸워야 하는 지금 현실이 과연 합리적인가. 하지만 사람들을 임금노동에서 벗어나게 하고

일

시대순으로 본 일의 가치

17세기

계몽주의로 인해 일은 독창적이고 창조적인 개념이 되었다. 일은 번영과 자아실현의 바탕으로 인식되었다.

18세기

산업화가 시작되면서 사람들이 도시로 모여들고 농부는 노동자가 되었다. 임금노동은 이 시기부터 가장 흔한 형태의 일이 되었다.

중세 시대

중세 시대까지는 일하는 것이 필수적인 의무가 아니었다. 영리 추구나 지나친 탐욕은 악으로 여겨졌으며, 물질적인 부는 죄악을 상징했다. 1년에 최대 100일에 달하는 휴일이 있었다.

종교개혁

마틴 루터는 노동을 이상으로, 무위를 죄악으로 규정했다. 이때부터 일은 의무·필요·고난·인내 같은 개념들과 연관되기 시작했고, 오늘날까지 이어지고 있다.

19세기 중반

시계가 더 정밀해지면서 노동 시간이 규격화되었다. 실업이 사회 문제로 인식되기 시작했다. 노동운동은 19세기의 가장 큰 저항과 해방의 운동이었다.

중세시대

어떤 문화권에는 '일'이라는 말이 없다. 어느 호주 원주민 언어에는 일과 놀이를 함께 뜻하는 단어만 있으며, 말리 원주민어에는 농사와 춤 모두를 뜻하는 단어만이 존재한다.

| 0 | 500 | 10

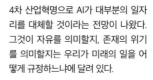

미래

4차 산업혁명으로 AI가 대부분의 일자리를 대체할 것이라는 전망이 나왔다. 그것이 자유를 의미할지, 존재의 위기를 의미할지는 우리가 미래의 일을 어떻게 규정하느냐에 달려 있다.

20세기 초반

두 차례의 세계 대전과 파시스트 및 공산주의 독재 정권, 홀로코스트는 노동이 비인간적이고 파괴적인 관료 제도나 산업을 의미할 수도 있다는 것을 보여주었다.

19세기 후반

비스마르크가 사회 복지 시스템을 임금노동과 결부시켰다. 이는 실업자가 사회적으로 배제되는 제도적 바탕이 되었다.

20세기 후반

세계화와 디지털화, 인구 변화의 결과로 일반적인 노동만으로는 삶의 질을 유지하기 어려워졌다. 전통적인 일자리 형태가 무너지고 계약직이 늘었으며 노동 조건은 열악해졌다. 실업의 부담은 더욱 커졌다.

2000년대 이후

소비자와 생산자의 경계가 희미해지고 프로슈머가 등장했다. 필요한 것들을 자발적으로 만들어내는 '동료 생산peer production'(시장 논리나 기업의 통제에서 벗어나 공동체 안에서 공유할 수 있는 재화 생산을 위해 서로 동등한 위치에서 자발적으로 협력하는 개인 간 생산 모델-옮긴이) 개념이 나왔다.

| 1500 | 2000

가능한 한 많은 자유 시간을 제공해야 한다는 것이 문제의 핵심은 아니다.

일에 대한 새로운 발상이 필요하다

이미 1980년대에 이러한 문제의식을 느끼고 '뉴 워크new work'라는 개념을 적용한 프로젝트를 운영해 온 사람이 있다. 철학자 프리드호프 베어크만Friedhjof Bergmann은 유럽과 아메리카, 아프리카 등지에서 회사 임직원을 비롯해 공무원·장기 실업자·청년·노숙인 등 다양한 사람들과 활동하며 한 가지 일관된 공통점을 발견했다. 인간은 자신이 자랑스럽고 흥미롭게 여기는 일을 할 때 물질적으로나 정신적으로 풍요로워진다는 것이다.

그는 "그런 종류의 일은 힘과 용기를 주었고, 놀라울 정도로 사람들을 생기 넘치게 만들었다"라고 말한다. 번영과 안정, 풍요를 누리고 있는 산업국가 시민이든, 상대적으로 가난하고 비참한 환경의 저개발국 시민이든 좋은 일을 통해 충만함을 느낀다는 점은 같았다.

여러분에게는 어떤 대안이 있는가? 아직 없다면 스스로 찾아내는 수밖에 없다. 직업을 바꾸거나 삶을 뒤엎어야 더 의미 있는 일을 구할 수 있는 건 아니다. **잡 크래프팅**Job crafting(일과 개인의 욕구·목표·기술의 일치를 위해 직무를 재설계하는 전략-옮긴이)을 활용하면 충분히 변화를 일으킬 수 있다. 예를 들어, 환경친화적인 단체나 소셜 임팩트 기업의 채용 공고를 눈여겨보다 이직하거나, 적절한 일자리가 세상에 없다면 새로 만드는 식으로 말이다. 독일의 경제학자이자 기업가인 귄터 팔틴Günter Faltin은 "4차 산업혁명 시대에는 디지털화로 일자리가 줄어드는 것 같지만, 스타트업의 창업 기회는 늘어났다"라고 말한다. 기업이 일자리 창출을 독점하는 모델은 점점 사라지고 누구나 기업가나 생산자가 되는 길이 넓어지고 있기 때문이다.

수익을 앞세우는 기업가 대열에 합류하고 싶지 않다면 안 해도 된다. 갈수록 더 많은 이들이 사회적으로나 환경적으로 이로운 일자리를 찾는 추세니 오히려 이점과 기회가 더 많다. 사회적 가치에 집중하면서 더 나은 세상을 위한 제품이나 서비스만 창출해도 사업성이 충분한 시대가 온 것이다. 이런 실험들은 봇물 터지듯 쏟아지고 있다. 판매하는 제품이나 서비스뿐만 아니라 소유권과 협업 형태에서도 사람들은 새로운 방식을 시도하고 있다.

함부르크에 본사를 둔 작은 콜라 제조업체인 '프리미엄 콜라premium cola'를 예로 들어보자. 이 회사에서는 임직원뿐 아니라 조달 업체, 배급 업체, 소비자가 회사의 중요한 의사 결정에 참여한다. 제품 생산이나 판매는 분산된 체계하에 이루어지며, 갑을 계약서나 상하 관계는 없다. 그 배경에는 창립자 우베 뤼버만Uwe Lübbermann과 어려운 시기에 10여 년간 뜻을 함께한 커뮤니티가 있다. 프리미엄 콜라는 사업 성과가 높은 나머지 의도적으로 성장 속도를 늦춰 회사 규모를 천천히 키우기로 할 만큼 번창했다.

그 외에도 **공유재 경제**common good economy, **오픈 소스**open source, **에코모니** ecommony, **연대 경제**solidarity economy 같은 다양한 상호 보완적 움직임 속에서 여러 사례가 속속 나오고 있다. 이를 보면 우리 사회의 미래는 매우 희망적이다.

하지만 돈은 어떻게 벌지?

이런 이야기들을 긍정적으로 받아들인다고 해도, 사람들은 생계에 대한 불안 때문에 대안적인 영역에 당장 뛰어들지는 못한다. 좋은 아이디어를 가진 이들도 실패에 대한 두려움으로 시작조차 못 하기 십상이다.

기업가 미하엘 보메이어Michael Bohmeyer도 비슷한 경험을 했다. 스타트업 회사를 여럿 세운 그는 자신이 위험을 감수하는 기업가에 속한다고 여기지만, 그런 그도 자신에게 '조건 없는 기본소득'을 처방하기 전까진 존재론적 두려움으로 새로운 시도를 잘하지 못했다. 그는 자신이 설립한 스타트업 한 곳의 수익 중 매달 1천 유로를 생활비(약 130만 원) 명목으로 챙겨 보았다.

1천 유로는 한 달간 생활하기에 적지 않은 금액이었지만, 첫 두 달 동안은 정체성의 위기에 시달리느라 괴로웠다. 임금노동이 누군가의 자존감에 얼마나 큰 영향을 끼치는지 실감한 것이다. 하지만 그 시기를 잘 견디고 나니 창조성이 솟구침을 느꼈다. 기본소득의 긍정적 효과를 체감한 그는 이를 적극적으로 알리기 위해 **나의 기본소득**Mein Grundeinkommen 이라는 플랫폼을 만들어 운영하고 있다.

기본소득을 지지하는 사람들은 일과 자아정체성이 지나치게 동일시되는 현 세태가 바람직하지 않다고 주장한다. 기본소득의 제도적 시행을 경제적 안정성과 일을 분리하는 방편으로 보고, 국가 재정 상태를 분석해 지급 가능 여부를 추산하는 전문가들도 있다.

기본소득의 효과는 여러 사회 실험 결과로 증명되고 있지만, 기본소득이 지급되면 모든 이가 일을 그만두고 게으르게 늘어질 거라는 일부의 추측에는 뚜렷한 근거가 없다. 사람들은 이미 대가 없이도 많은 일을 하고 있다. 게다가 더 많은 사람이 미하엘처럼 창조적인 전환을 경험할 거라는 상상은 희망적이다.

괴테 대학에서 가치 있는 일의 사회적 개념과 개인이 일터에서 느끼는 의미에 대한 프로젝트를 이끌고 있는 프레데리케 하더링Friedericke Hardering 의 조언을 들어보자.

"의미 있는 일을 찾기 위해 직업을 바꾼 사람들을 인터뷰해 보면 대체로 자신의 가치와 욕구를 탐색하는 데 많은 시간을 들였다더군요. 다른 이들의 조언을 아예 무시해선 안 되겠지만 자신의 우선순위와 가치, 관심사를 들여 다보는 것이 무척 중요합니다."

그는 어떤 일에 의미를 부여하고 가치를 평가하며, 부정적인 요소는 차 단하거나 바꾸는 과정을 즐기라고 한다. 정해진 일상과 관성으로 인해 바꿀 수 있는 요소를 잘 보지 못할 수도 있겠지만, 주의를 기울여 보면 업무에서 조정할 수 있는 부분을 건드리며 일의 목표와 가치를 재정립할 수 있고, 일 에 대한 관점과 직장 분위기까지 바꿔나갈 수 있다.

몇 해 전, 우리는 정말로 중요한 일에 집중하기로 결심하고 어떻게 하면 일과 생계, 삶의 의미가 서로 잘 어우러질지 고민했다. 그러다 마침내 실용 적인 해결책을 찾았다. 적은 비용으로도 진정한 만족감을 주는 프로젝트에 많은 시간을 쓰는 것이었다. 그러기 위해선 몇 가지 조치가 필요했다. 적게 소비하는 법을 배우고 가능한 한 자급자족하며 커뮤니티 활동으로 생긴 시 너지 효과를 활용하는 것. 소비를 줄이면 환경에 이롭고 세상이 풍요로워진 다는 부가 효과도 얻기에 우린 더욱 즐겁게 전환 실험에 임할 수 있었다.

다음 '소비' 편에서는 이런 성취가 어떻게 사회 전체로 퍼질 수 있을지, 사 회에 어떤 이익이 될지 알아보고 실행하기 어려운 이유도 함께 다뤄보겠다.

전환을 위한 **행동**

진로 탐색하기

⏰ 4주
✅ ★★★

지금 하는 일이 불만족스러운가? 그렇다고 당장 그만두면 안 된다. 현재의 일을 원하는 방향으로 바꿀 수 있을지 생각해 본다.

❶ 개인적 의미 자문하기

지금 하는 일은 자신에게 개인적으로 어떤 의미가 있는가? 일을 통해 어떤 가치가 실현되는가? 만족감을 준다면 이유는 무엇인가?

❷ 사회적 의미 자문하기

누구에게 중요한 일인가? 일을 잘 해내면 누군가의 삶을 어떻게 바꿀 수 있는가?

❸ 한계 넓히기

업무 중 특히 어떤 활동이 자신에게 중요한가? 특별히 잘하는 업무가 있는가? 범위를 넓혀 능력을 발휘할 수 있는 활동을 더 많이 한다.

❹ 어깨 나란히 하기

관심사와 가치를 공유하는 동료가 있다면 되도록 자주 함께 일한다.

꿈 계획하기

⏰ 6~12개월
✅ ★★★

누구에게나 꿈이 있다. 돈 문제가 없다면 무엇을 하고 싶은지 자신에게 물어보자.

❶ 무엇을 갖고 싶은가?

다소 멍청하게 느껴지는 것까지 다 적어본다. 물질적인 사물로 한정할 필요도 없다.

❷ 어떤 사람이 되고 싶은가?

멋진 강연자, 여행가 혹은 예술가 등 여러 모습을 떠올려 본다. 목표를 위해 해야 할 일들을 정한다.

❸ 무엇을 하고 싶은가?

평생 간직하고 싶은 기억은 무엇인가? 죽기 전에 무슨 일을 꼭 하고 싶은가?

❹ 무엇이 삶을 바꾸는가?

자신에게 특별히 의미 있는 꿈을 서너 가지 고르고 실천 기간을 정한다. 그 기간 동안 꿈을 실현하려면 무슨 일을 해야 할까? 꿈 하나에 5분 정도씩 투자해 실천할 방안을 마련하고 실행해 본다.

✚ 이루고 싶은 꿈이 꼭 임금노동과 관련될 필요는 없다. 세상을 바꾸는 일, 노동의 대가가 적더라도 삶의 의미를 주는 일도 꿈이 될 수 있다.

속도 늦추기

⏱ 매일 5분
✅ ★★

❶ 시간 절약 멈추기

시간을 아끼려는 행동은 당장 그만두라. 미하엘 엔데의 소설 『모모』에 나온 것처럼 이러한 제약은 마음에 부담을 줄 뿐이다.

❷ 시간 스트레스의 원인 찾아내기

일상을 관찰하면서 언제 시간에 쫓기고 다급해지는지 알아보자. 일정한 패턴이 있는가? 언제 더 많은 시간을 낼 수 있는지 돌아보고 좀 더 느긋해지려면 현재 상황을 어떻게 바꿔야 할지 생각해 본다.

❸ 아무것도 하지 않기

하루에 최소 세 번 정도는 명상 앱 등을 사용해 5분 정도 휴식 시간을 갖자. 말 그대로 아무것도 하지 않는 시간!

일

소비

소비에 저항하기

삶에서 중요한 건 뭘까? 어떤 사람이 되고 싶은가? 무엇을 하고 싶나? 이러한 근본적인 질문들은 왠지 어렵게 느껴지지만 사실 우리는 무의식적으로 자주 접하고 행동으로 답하고 있다. 많은 이들이 자신을 채찍질하고 자기 계발을 이어가면서 더 열심히 일하고자 한다. 새로 생겨나는 노동 시장의 요구에 맞추지 않으면 낙오될 거란 두려움에 대처하는 무의식적 기제다.

대중매체는 우리에게 행복해지려면 어떤 모습이어야 하는지 다양한 콘텐츠로 주입한다. 엔터테인먼트와 광고 업계도 개인의 가치관에 영향을 주는 정보를 쉼 없이 내보낸다. 대부분 새로운 옷을 사고 다양한 수단으로 외모를 잘 가꿔야 행복할 수 있다는 내용이다. 블로그와 잡지는 스트레스에 효율적으로 대처할 수 있는 운동법 같은 정보를 제공하는데, 이것도 결국 끝없는 자기 계발의 일환이다.

지금 세상에는 우리가 어떤 존재인지, 정말로 중요한 건 무엇인지 차분히 생각해 볼 여유가 없다. 각자 삶에서 바라는 것을 추려낼 여유 말이다.

나는 소비한다 고로 존재한다?

우리는 미루고 미루다 용기를 내어 일을 그만두고 안식년을 가지기로 했다. 그러자 앞서 언급한 질문들에 차분히 답할 여유가 생겼다. 참 귀중한 시간이었다. 안식년을 맞이하니 시간을 많이 얻은 대신 전보다 줄어든 생활비로 살아야 했다. 그러면서 분명해졌다. 뭔가를 하지 않을 때 우리는 빈곤해지는 게 아니라 오히려 자유로워진다는 것. 그러고 보니 그만둔 일은 사실 불필요한 노동이었다.

행복에 관한 연구는 이미 예전부터 물질적인 삶의 양식이나 소비와 소유를 향한 집착이 우리를 불행하게 한다는 사실을 밝혀왔다. 오랫동안 소비자 운동과 소비 행위를 연구해 온 요르그 크라이허-크라이너Jörg Kraigher-Krainer의 이야기를 들어보자.

"소비는 크게 두 가지 유형으로 나눌 수 있습니다. 경제학자 케인즈는 음식과 의약품 같은 절대적 필요에 따른 소비와 사회적 비교에서 비롯되는 상대적 필요에 의한 소비를 구분했죠. 누군가 더 비싸고 좋은 물건을 가지고 있어서 따라 사는 경우는 사치품 소비로 분류하는데, 더 나은 것을 취해 남보다 앞서려는 심리에 따른 소비는 경쟁의 역설로 이어지거든요. 누구도 이득을 보지 않고 서로의 물건을 차지하면서 모든 사람이 점점 더 많은 돈을 쓰게 되는 상황이 온다는 겁니다."

우리는 평소 자기 위안을 위해 물건을 사곤 한다. 중독과 같은 특징을 보이는 이 소비 행동은 뇌에서 분비되는 도파민 호르몬의 영향으로 알려져 있다. 도파민은 만족감과 즐거움을 만들어내는데, 어떤 결정을 내린 뒤 나타나는 긍정적인 감정 상태도 도파민이 작용한 결과다. 즉 소비 행위는 일종의 의사 결정이고, 물건을 살 때 기분이 좋아지는 이유는 몸에 작용한 도파민 탓인 셈이다.

물론 행위가 보상으로 이어지는 과정은 한곳에 지나치게 얽매이지 않는다면 삶에 도움이 되므로 무조건 나쁘다는 말은 아니다. 문제는 우리가 소비로 인정, 권력, 안정 등을 얻으려고 한다는 점이다. 보스턴 대학 사회학 교수 줄리엣 쇼어 Juliet B. Schor 는 인정 소비가 배제나 비교 등 경쟁심을 자극하는 행위와 연관이 있고, 심리적 위기감을 부추겨 정신 건강에 해롭다고 말한다.

무엇보다 소비를 위해 필요 이상으로 일하다 보면 정서적 지지를 나누는 친지들과 보낼 시간이 줄어든다. 그 결과 외로움을 더 자주 느끼게 되고 또 소비하는 악순환이 벌어진다. 그러다 보면 서서히 우울증이나 고혈압, 번아웃 같은 증상이 나타날 수도 있다. 줄리엣은 10~13세 아이들조차도 소비 행위에 많이 노출되면 부정적인 자아상을 갖게 될 확률이 현저히 높아진다고 했다. 끔찍한 이야기 아닌가?

이런 흐름에서는 소비문화에 문제를 제기하는 사회적 움직임이 필요하다. 그러나 경제 성장이 우선인 정책 기조에서 이런 주제는 진지하게 논의되지 않고, 세상 물정 모르는 어수룩한 얘기로 취급되거나 부적절하고 비애국적인 것으로 간주된다. 소비 행위를 연구해 온 요르그의 말을 떠올려 본다.

"만족감에 관한 학술 연구들은 물질 소비로 사람들이 불행해지고 약해진다는 사실을 분명하게 보여줍니다. 비교와 경쟁이 기본 질서인 상태에서는 소유물에 따라 사람의 값어치가 매겨지기 때문이죠. 지위가 높은 사람은 돈으로 모든 것을 살 수 있으니 행복하리라는 자본주의의 고전적인 사고 패턴은 현실과 달라요. 이제는 과거의 소비 행태를 비판적으로 바라보고 '이 게임에 참여하지 않겠다'라는 선언과 함께 적게 일하고 적게 버는 삶으로 전환해야 합니다."

다행히 우리 뇌에는 전두엽, 쉽게 말해 이성이라는 능력이 있다. 사람은 욕망에 마냥 무기력한 존재가 아니다. 삶에서 정말 중요한 게 무엇인지, 뭘 하며 살아갈 건지 정하는 것은 각자의 손에 달려 있다.

소비를 줄이고도 행복하게 살 방법을 고민할 때 우리가 깨달은 문제가 있다. 바로 사회에 보편적인 신념 체계가 있다는 것이다. 사람들은 세상의 자원이 모두에게 돌아가기엔 부족하니 주의해야 한다고 믿는다. 그런데 알고 보면 세상에는 모두가 쓰기 충분한 양의 음식과 옷이 있다. 오늘날 우리는 풍요 속에 산다.

공유 소비: 소유하지 않고 쓰기

소유한다는 개념이 사회에서 일으키는 문제를 잘 보여주는 분야는 바로 먹을거리다. 통계를 보면 음식물의 절반 정도가 그냥 버려지는데 사실 음식 쓰레기는 식재료 단계인 농산물을 수확할 때부터 발생한다. 그러나 농부나 유통업자가 폐기하는 식재료는 그들의 소유물이므로 함부로 가져다 쓸 수 없다. 세계 곳곳의 굶주리는 이들을 보면 넘치는 식량에 대한 법적 소유권은 그다지 분별력 있어 보이지 않는다.

이 문제는 어떻게 풀어야 할까. 우선은 사람들이 실제로 사용하는 것만 소유물로 정하고 남들과 공유할 부분은 내놓는다면 사회적·생태적 문제를 실용적으로 해결할 수 있다. 소프트웨어·영화·사진·음악·설명서처럼 (추가 비용이 들지 않고) 공유하기 쉬운 비경쟁적인 물건에 먼저 적용할 수 있다. 현재는 대부분 저작권이나 사용권 제한이 있지만, **크리에이티브 커먼즈** CC 표시하에 자기 창작물을 공유하는 움직임이 꾸준히 늘고 있다. 창작자가 명시한 조건만 지키면 누구나 무료로 사용하거나 배포할 수 있는 합의에 기반한다.

지식 분야에서도 비슷한 사례들이 있는데, 공유할수록 함께 누리는 콘텐츠가 많아진다는 점이 고무적이다. 그 밖에도 **기술 공유** skill sharing라는 개념하에 자발적으로 지식을 공유하는 교육 네트워크와 공동체가 전 세계적으로 늘고 있다. 세계 명문 대학들이 연합해 만든 대규모 공개 온라인 수업 시스템 **무크** MOOC, Massive Open Online Courses, 미국 비영리 단체가 운영하는 **칸 아카데미** Khan Academy가 대표적이다.

한편 물질을 공유하는 행위는 생태적인 관점에서 가치가 높다. 공유 경제의 두 가지 유형을 살펴보자. 첫 번째는 '연속적인 사용' 유형으로, 중고 상점이나 중고 거래 플랫폼, 무료 나눔 가게를 뜻한다. 옷 교환 파티나 무료 나눔 행사도 포함된다. 자신에게 필요 없는 물건을 남에게 넘겨주는, 소유권이 다른 사람으로 옮겨가는 형태다.

두 번째는 '차례대로 사용'이다. 물건을 공동으로 소유하거나, 아예 소유권 없이 모두가 함께 물건을 빌려 쓰는 플랫폼과 커뮤니티가 해당된다. 세탁기나 드릴 등을 함께 쓰는 주거 공동체, 지역민에게 물건 대여 서비스를 제공하는 인터넷 플랫폼, 옷을 대여해 주는 로컬 숍, 공유 자동차 회사를 예로 들 수 있다. 생산 부문으로 개념을 좀 더 넓히면 공유 작업장도 여기에 해당한다.

이런 형태는 사실 오래전부터 운영되어 왔다. 도서관도 책이라는 물건을 공유하는 제도에 기반하고 있다. 최근 들어 달라진 내용은 공공 제도가 아닌 개인과 민간 차원에서도 다양한 교환 문화가 생겨나고 있다는 점이다. 필요한 물건을 사지 않고 빌려 쓰면 개개인의 삶에서 큰 비용 절약 효과가 있고, 소유물 관리에 드는 시간과 에너지도 아낄 수 있다.

그런데 물자를 공유 및 교환하는 것만으론 근본적 변화를 일으킬 수 없다. 공유경제가 어떻게 발전해 나갈 것이며, 사회 시스템에 어떤 영향을 줄지 뚜렷한 전망을 세우기 어렵다.

현재 구현 중인 공유 경제는 '더 공정하고 생태적인 협동 경제'와 '플랫폼 자본주의의 심화' 사이 갈림길에 서 있다. 소수의 플랫폼 운영업자들이 공유 공동체에서 얻는 수익을 독점하는 방식이 일반화된다면 천연자원을 선점하는 주체가 권력과 부를 거머쥐고 몸집을 키워온 기존 사회상과 크게 다르지 않을 것이다.

차별성을 획득하려면 **소유 대신 사용**이라는 대안적 논리로 모두에게 평등한 접근성과 참여가 보장되는 플랫폼을 함께 만들고 운영해야 한다. 공유 경제 플랫폼 '위셰어OuiShare'에 참여하는 토마스 뒤너브링크Thomas Dönnerbrink도 같은 맥락으로 이렇게 주장했다. "진정한 공유경제에서는 사람들이 생산 과정이나 생산물뿐만 아니라 플랫폼의 소유권까지도 공유합니다."

우리에게 꼭 필요한 것은 제품이나 서비스를 통해 가치를 창출할 목적으로 공유 플랫폼을 운영하고, 소수의 주주들이 수십억의 수익을 챙기는 영리 모델이 아니다. 토마스는 새로운 가치 지향을 바탕으로 한 대안 **플랫폼 협력주의**Platform cooperativism(사기업이 공유 경제 플랫폼을 독점하면서 생기는 문제에 대응하고자 대안을 모색하는 움직임. 협동조합 모델이 대표적이다-옮긴이)가 필요하다고 덧붙인다. 플랫폼이 민간 업체 주도로 운영된다면, 설립 후에는 실질적인 가치를 창출해 내는 개발자나 사용자 같은 사람들이 주주가 되어야 한다는 주장이다.

교환 대신 기여하기

이러한 사회적 움직임과 더불어 우리 개개인도 변해야 한다. 옷을 교환해 입으면서 아낀 돈으로 비행기나 크루즈 여행을 다닌다면 환경적 의미는 반감된다. 좋은 일 한다고 빈곤층 사람들을 무작정 교환 파티나 푸드 뱅크에 보내는 것도 바람직하지 않다.

새로운 경제협력 모델이라도 삶의 태도와 가치관이 제대로 전환될 때 더 나은 세상을 만드는 원동력이 될 수 있다. 경쟁에서 벗어나 신뢰와 아량을 바탕으로 더불어 사는 세상, '버리는 것'이 남에게 대가를 바라지 않고 무언가를 주는 긍정적인 행위로 통하는 세상 말이다.

커먼즈 전문가인 프리데리케 하버만Friederike Habermann은 공유보다 더 나은 소유는 없다며 누구도 소외되지 않는 공동 소유권 개념을 주장한다. 누구나 자신이 필요한 것을 가져갈 수 있는 시스템. 여러분은 이 말이 현실성 없는 유토피아라고 생각할지도 모르겠다. 하지만 유토피아는 이미 존재한다.

독일 최초의 연대 농업 농장인 부쉬베아크 농장Buschberghof이 바로 이상적인 사례 중 하나다. 농부들은 농장 운영에 필요한 비용을 추산해 공동체에 보고하고, 회원들은 각자 내고 싶은 금액을 낸다. 계획 단계의 금전적 기여도는 추후 받는 수확물 양과 관련이 없는데도 이 농장은 수십 년째 잘 운영되고 있다. 또 다른 사례는 바이크서프Bikesurf 플랫폼으로 사전 동의하에 자전거 자물쇠 번호를 공유한다. 누구나 자율적으로 금액을 정해 대여비를 내고 빌려 탄다. 하버만에게 이상적인 커먼즈 세계에서도 돈이 존재하는지 묻자 즉각 "아니오"라는 답변이 돌아왔다.

지금 우리 머릿속에는 다양한 장르의 음악이 울린다. 한편으론 기대감에 흥분되고 다른 한편 여전히 의문과 의혹이 있다. 그렇지만 분명한 건 현재 배타적인 소유권 개념이 우리가 생각한 정반대의 세상을 만들어왔다는 사실이다. 인위적인 희소성으로 인해 많은 이들이 배제되고 사람과 환경도 지나치게 착취되었다.

모두에게 돌아갈 자원이 충분하고 화폐는 존재하지 않는 세상을 상상할 수 있는가? 자신이 준 것보다 적게 돌려받는 것을 두려워하지 않을 세상. 이런 세상에서 우리는 과연 평화롭게 공존할 수 있을까?

잘은 모르지만 한 가지는 확실하다. 지금은 돈이 세상에서 너무 막대한 역할을 하고 있다는 것. 많은 사람을 고통스럽거나 불편하게 만드는 것만으로 이미 돈은 변화해야 할 이유가 차고 넘친다. 다음 편에선 돈이 우리에게 미치는 영향을 따져보고, 돈으로 가치를 실현할 수 있는 방법을 알아보자.

소비

전환을 위한 **행동**

⏰ 소요 시간   ✅ 난이도

감사하는 마음
연습하기

⏰ 7주
✅ ★★

감사하는 행동에는 큰 힘이 깃들어 있다. 행복감과 너그러움을 불러 일으키고 자연스럽게 건강과 우정도 따라온다. 쇼핑 없이도 삶을 더 풍요롭게 만들어준다.

· 칭찬하기

하루에 한 번 누군가에게 진심 어린 칭찬을 해준다. 가능하면 구체적인 내용으로 칭찬한다. 별로 좋아하지 않는 사람도 칭찬해 본다. 어떤 일이 벌어지는지 관찰해 보자.

· 콩으로 행복 쌓기

아침에 콩 한 줌을 한쪽 주머니에 넣고 아름다운 광경을 볼 때나 감사할 만한 일을 경험할 때마다 다른 쪽 주머니에 콩을 하나씩 옮겨 담는다. 저녁에 콩을 꺼내 보며 하루를 되짚어본다.

쇼핑에 대항하기

⏰ 3~4시간
✅ ★

· 소비 일기

지난 3개월 동안 기본적인 생활비를 초과 지출한 내용을 살펴본다. 왜 초과했는지, 정말 필요해서 샀는지 자문한다. 물건을 사지 않고 필요를 충족할 수는 없었는지 생각해 본다.

· 교환 실험

한 달 동안 최소한 한 가지 이상 실험을 해본다. 물건을 사는 대신 빌리거나 바꿔 쓰고, 돈을 지불하는 서비스는 이웃이나 친구에게 부탁해 본다.

· 새로운 형태의 선물

누군가에게 줄 선물을 준비할 때 물건을 제외하고 생각한다. 뜨개질 수업, 자전거 수리, 마사지 등 시간을 들여 해주는 일도 좋은 선물이 된다.

교환 축제 열기

🕐 3~12개월
✅ ★★

❶ 준비 : 참여 위원을 모아 축제 날짜를 잡는다. 행사 공간을 마련하고 참가비 등 세부 내용을 기획한다. 어떤 물품이 필요한지, 먹을거리도 판매한다면 누가 맡을지 함께 정한다.

❷ 공지 : 인터넷에 포스터를 올려 행사를 홍보한다. 지역 잡지나 신문, 슈퍼마켓 게시판에도 알린다.

❸ 진행 : 축제 운영을 함께하는 사람들과 역할을 분담한다. 입구에서 참가자들을 안내하고 교환 물품을 잘 정리한다. 간단한 인사말로 축제를 시작한다.

❹ 정리 : 축제가 끝나고 남은 교환 물품은 어떻게 처리할지 의논한다. 기부한다면 어디에 어떻게 전달할지 정한다.

광고 바꾸기

🕐 5~10분
✅ ★★

· 문제 인식
쇼핑몰에서 소비를 부추기는 광고 문구를 적어본다. 문구의 어떤 부분이 두드러지는가? 어떤 점을 거부할 수 있는가?

· 광고 단식
하루 동안 광고의 영향에서 벗어나 생활해 본다. 티브이, 잡지, 라디오, 인터넷을 접하지 않는다. 하루를 마무리하며 광고를 피하는 일이 가능했는지 평가한다.

· 광고의 재탄생
가장 좋아하는 잡지에 실린 광고를 살펴보고 하나를 골라서 펜, 가위, 풀을 사용해 사회 비판적인 광고로 바꿔본다.

돈
돈 없이 살아보기

그리스 크레타섬에 사는 농부 칼리의 유기농 농장. 빛나는 태양 아래 붉게 익은 토마토가 주렁주렁 열려 있다. 칼리의 농장은 그리스에 경제 위기가 닥치기 전까지는 잘 운영되고 있었다. 그러나 경기가 나빠지자 '트로이카Troika' (유럽집행위원회 국제통화기금 유럽중앙은행을 한꺼번에 이르는 말-옮긴이)는 그리스에 긴축 재정 정책을 부담하게 했고, 일부 분야의 청년 실업률은 60퍼센트까지 치솟았다. 부가세도 23퍼센트나 올랐다. 실업자들에게 주는 정부의 지원은 최대 1년까지라 그 이후로는 각자 도생해야 했다.

2017년에는 그리스인 네 명 중 한 명이 빈곤 상태라는 소식도 들렸다. 칼리의 유기농 토마토를 구매할 소비자가 사라진 상황에서 애써 수확한 토마토는 그대로 버려졌다. 크레타섬 사람들은 여전히 일을 이어갔지만, 시중 돈이 증발하자 다들 생계가 곤란해졌다.

그러다 동네 사람들은 머리를 맞대고 해결책을 찾아냈다. 바로 동네 차원에서 돈을 직접 만들어내는 것! 한 지역민이 그전에 존재했던 지역 통화이자 교환 네트워크인 '캐레티Kaereti'를 기억해 낸 덕분이었다. 예전 캐레티 관습을 보면 올리브오일이 통화 역할을 했는데, 이번에는 지역민들이 비영리 단체 **사회적 거래 기구**Social Trade Organization를 설립하고 '싸이클로스Cyclos'라는 가상 통화를 발행했다. 지역 내에서만큼은 유로 대신 싸이클로스로 물선과 서비스를 교환하게 된 것이다.

칼리의 아들은 교사였던 디미트리스에게 수업료로 싸이클로스를 내고 개인 지도를 받았고, 디미트리스는 이렇게 얻은 수입으로 동네 수리업자에게 배관 수리를 맡겼으며, 수리업자도 수리비로 받은 싸이클로스로 칼리에게서 채소를 샀다. 그리스인들은 대부분 이렇게 대체 통화를 사용해 지역 단위로 일상적인 거래를 하며 생계를 유지했다. 한 시민단체에 따르면 2015년 당시 이 같은 네트워크가 80군데 이상 존재했다고 한다.

더 이상 돈이 없다?

오늘날 산업국가에서 드러나는 공통적인 문제 중 하나는 부의 양극화다. 독일은 유럽에서 가장 부유한 국가 중 하나지만, 안타깝게도 돈의 불균등한 분배로 따지면 상위권에 속한다. 상위 0.1퍼센트인 슈퍼 리치super rich가 소유한 재산이 전체의 17퍼센트를 넘는다. 전 세계적으로 비슷한 상황이다.

영국의 국제 구호 단체 옥스팜에 따르면, 2016년 기준 상위 1퍼센트의 부자들이 보유한 자산은 전체의 52퍼센트였고, 그 격차가 계속 벌어지는 추세였다. 지금도 3천만 명가량의 유럽인들이 매일 따뜻한 끼니를 먹지 못하는 극빈층에 속해 있다. 이렇게 깊어진 불평등은 사회 갈등과 불화의 원인이 될 뿐 아니라 권력 집중 문제도 일으킨다.

사람들은 대부분 세계 빈곤을 근절하고 환경을 보호하는 일이 윤리적으로 옳다는 데 동의한다. 하지만 문제 해결에 앞장서진 않는다. 그 모습이 여실히 드러난 사례가 에콰도르에 있는 야수니 국립공원Yasuni National Park 이다. 이 공원은 레바논 국토 정도의 아마존 숲 지대로, 세계에서 다양한 생물이 가장 잘 보전된 곳 중 하나다. 1헥타르당 서식하는 나무의 종류가 캐나다와 미국에 서식하는 종을 모두 합친 것보다도 많다. 사실상 측정 불가할 정도로 엄청난 생태적 가치가 있다고 할 수 있다.

지난 2013년, 한 시민단체가 그 지역에서 석유 채굴을 금지하는 법안을 추진했다. 기업들이 8억 5000만 배럴로 추정되는 원유를 채굴할 경우, 생태계 파괴가 불가피하다는 것이 주된 이유였다. 시민단체는 열대우림을 그대로 보존하면 숲이 이산화탄소를 줄여줄 거란 논리를 펼쳤다. 향후 13년간 배출하게 될 이산화탄소 중 4억 700만 톤이 열대우림으로 억제될 수 있다는 추정치도 제시했다.

하지만 이 프로젝트는 실패했다. 바로 돈 때문이다. 단체가 주장한 열대우림의 가치가 정부나 기업, 투자자 그룹이 인정하는 자산 가치로 인정받지 못했다. 투자업에서는 수익을 발생시키지 못하면 무책임하다는 비난을 피할 수 없다. 투자자는 누구나 투자금의 몇 배로 수익이 불어나길 바란다. 그들에게 돈이란 많아져야만 하는 무한 축적의 대상이기 때문이다. 수익을 늘려야 한다는 압박에 시달리는 동안 투자자는 자기 행위가 자신을 비롯해 인간과 자연 모두를 착취하는 시스템에 가담한다는 데 무감각해진다.

그리스 재정 위기 당시, 크레타섬의 지역 화폐로 쓰인 싸이클로스는 일반적인 돈과는 정반대로 작용한다. 축적하지 않고 그때그때 필요한 재화나 서비스로 교환되면서 지역 경제를 활성화한다. 물론 갈수록 불안정하고 불공정해지는 국제 경제 문제를 싸이클로스 같은 지역 기반 소규모 통화 시스템이 다 해결하진 못하겠지만, 지금처럼 소수의 화폐만 인정하지 말고 다양한 통화가 유통되도록 허용하는 방안을 고려해야 한다. 마냥 기다릴 수 없는 문제라 최대한 빨리 논의되어야 할 것이다. 돈은 현재 우리의 삶과 환경, 사회 공동체에서 너무나 중요한 위치를 차지하고 있기 때문이다.

돈을 '잘' 쓴다는 것

그래도 희망적인 부분은 돈을 지혜롭게 잘 쓰려는 이들이 날로 늘고 있다는 사실이다. 공정무역 제품이나 친환경 제품을 구매해 자신에게 중요한 가치를 지키고, 윤리적인 프로젝트에 투자하고 싶어 하며 지속가능성 펀드에 돈을 맡긴다. 그런가 하면 도움이 필요한 사람들에게 정기적으로 기부하는 사람들도 있다. 크라우드펀딩 덕분에 적은 돈으로도 비영리 단체나 사회적 기업에 힘을 보탤 수 있게 되어서다.

이렇듯 적은 돈이라도 잘 쓰면 세상을 바꾸는 데 도움이 된다. 지폐 하나하나가 변화와 즐거움의 도구로 쓰이기 때문이다. 무엇보다 이런 방식은 세상뿐 아니라 우리 자신도 바꾼다. 부를 축적하는 것이 원칙처럼 통하는 세상에 효율적이고도 비폭력적인 저항이다. 사회적 책임 투자 부서에서 일하는 안차 슈니바이스Antje Schneeweiß는 다양한 투자를 권하며, 투자자가 끼치는 잠재적인 영향력을 강조한다.

"가치 투자를 하고자 한다면 무기나 석탄발전소 관련 프로젝트에는 참여하지 않아야 합니다. 태양 에너지나 풍력 발전처럼 구체적인 분야나 특

더 나은 세상을 만드는 데 쓸 돈이 있다면?

많은 금액을 낼 수 있는가? ·········· 아니요 ··········

예

후원자 되기
재단 활동에 후원자가 될지 생각해 본다. 사회운동 재단을 통해 활동가나 프로젝트를 지원할 수 있다.

아니요

이익을 얻고자 하는가? ·········· 예 ··········

모든 사람이 이익을 추구하진 않는다. 윤리적 투자에 관심을 두는 사람도 있다.

아니요

START

더 나은 세상을 위해
쓰고 싶은 돈이 있는가?

고민 없이 내어줄 수 있는 돈인가? ·········· 예 ··········

관대함을 훈련하는 것은 좋은 경험이며,
인성을 가꾸는 방법이 된다.

기부하기
단체 한 곳에 기부금을 낸다. 직접 단체를 찾아보거나 기부 플랫폼을 활용한다. 혹은 기부 캠페인을 직접 진행한다.

예

정기적인 지출이 가능한가? ·········· 아니요 ·········· 예

소득의 얼마 정도를 꾸준히
기부할 수 있는지 금액을 결정한다.

크라우드 펀딩

적은 금액으로도 사회적·생태적으로 훌륭한 프로젝트에 참여할 수 있다. 대부분의 펀딩 프로젝트에서 다양한 답례를 제공한다.

크라우드 투자 혹은 채권

수익을 내는 투자자 혹은 채권자로 지속가능성 프로젝트 투자를 고려해 볼 수 있다.

예

리스크를 즐기는가?

리스크가 없으면 재미도 없다고 생각하는 편인가? 이자나 원금을 포기해도 괜찮은가?

아니요

대안 은행

사회적·생태적으로 지속 가능한 곳에 돈을 맡기고자 한다면 대안 은행이 좋다.

아니요

가진 것 활용하기

펀드나 생명 보험, 연금 보험에 투자할 수 있는 저축 계좌가 있는가?

아니요

거래 은행 바꾸기

사용하는 계좌 중 하나를 대안 은행으로 옮긴다.

예

회원 가입하기

기부하고 싶은 비영리단체나 기관을 꼼꼼하게 알아본다.

투자 철회하기

투자한 돈의 현황을 확인하고, 투자 철회 운동처럼 가치에 따라 돈을 재투자할지 살펴본다.

돈

히 지속가능성 기준이 높은 식품·의류 회사에 투자할 수 있죠. 소규모 투자자인 개인의 영향력은 적지만 지속가능성 투자 규모가 상당히 커졌고, 연금 펀드나 생명 보험 회사도 여기에 뛰어들었기 때문에 상장회사에 분명한 신호가 되고 있죠. 독일 최초의 풍력 및 태양열 발전소는 지속가능성 투자자들의 집중적인 투자를 받았는데, 이런 투자자들 없이는 관련 분야의 발전이 더뎠을 겁니다."

한편 투자 전략의 하나로 미국의 민권운동 시기에 출현한 '투자 철회'라는 개념도 강조한다.

"당시 투자자들은 흑인을 차별하는 회사의 투자금을 의도적으로 회수했어요. 남아공의 인종차별적 정권에 반대하기 위해 일어난 투자 철회 사례들도 있죠. 오늘날에는 화석연료에 관한 대규모 움직임이 있습니다. 시민 사회 운동과 연계되어 효력을 발휘하고 있어요. 점점 더 많은 사람들이 친환경 에너지를 구매하고 석탄 발전에는 반대하는 상황이라, 이 흐름이 소규모 투자자들의 투자 철회 운동과 결합된다면 돈에 관한 가장 성공적이고 효과적인 대응책이 될 겁니다."

돈에 대한 사고의 전환

돈을 향한 욕망은 마음을 괴롭히는 예민한 문제다. 돈은 매일 사용하는 물건일 뿐 아니라 자기 효용 가치의 원천이기도 하니까. 돈이 점점 더 불평등하게 분배되면서 우리가 느끼는 질투심이나 경쟁심, 결핍과 불안은 커질 수밖에 없는 상황이다. 우리는 돈 때문에 자주 상처받는다.

옳은 일에 과감히 뛰어들고 싶지만 경제적인 문제로 선택의 여지가 없다고 느끼고, 돈으로 누릴 수 있는 사회적 인정을 포기하기 못하는 자신에게 자괴감도 느낀다. "다른 사람들도 다 그렇게 살잖아." "달리 방법이 없어." 이런 말을 하면서 양심에 거리끼는 일을 하면 마음 깊은 곳에 죄책감이 남고, 그렇게 모순된 마음을 안고 사느라 고통받는다.

이런 삶의 딜레마에서 우리를 구해줄 누군가가 나타날 때까지 기다릴 것인가? 그런 일은 일어나기 힘들 것이다. 대신 우리는 하루 만에, 아니 지금 당장이라도 자신을 자유롭게 할 수 있다. 철학자이자 컴퓨터 공학자인 니푼 메타Nipun Metha는 선물하는 행동주의를 뜻하는 **기프티비즘**Giftivism을 주장한다.

그는 자신이 설립한 서비스스페이스ServiceSpace 회원들과 함께 '관대한 마음'을 훈련하는데, 그 과정으로 '카르마 키친Karma Kitchen'을 열었다. 이 식당에는 정해진 밥값이 없다. 식사를 한 사람은 다음 사람을 위해 자진해서 돈을 낸다. 서비스를 제공하는 사람도, 계산서도 없다. 서로에게 좋은 음식을 대접하는 사람들만 있다. 이런 상호 호혜적 개념이 경제적으로도 잘 작동한 덕에, 이 식당을 모방한 곳들이 더 생겨났다고 하니 희망적인 신호다.

돈을 지금과 다르게 인식하고 사용하려면, 먼저 우리 안의 두려움과 불신을 극복해야 한다. 미국의 웹디자이너 아드리안은 **선물 경제**gift economy (재화나 서비스를 물물 교환이나 선물로 주고받으며 필요를 충족하는 경제. 가격 메커니즘에 따라 상품을 거래하는 교환경제와 대비되는 개념-옮긴이)를 바탕으로 일을 해보았다. 고객이 원하는 서비스를 비용을 청구하지 않고 선물로 제공했더니 대부분의 고객이 각자 적당하다고 생각되는 답례 선물을 주었다. 아드리안은 아내와 아이들과 평범한 가정을 꾸려 살아가는 상황임에도 대담한 시도를 한

돈

셈이다. 실험을 마친 그는 이런 결론을 내렸다.

"선물 경제에 따른 노동은 인간관계를 완전히 바꿔놓았어요. 상호 이익을 위해 거래하는 것이 아니라 개방성과 투명성을 바탕으로 서로를 믿게 되었죠."

돈 없이 생활하는 실험을 해본 활동가들이 들려준 경험담에서도 비슷한 통찰이 엿보였다. 그들은 돈이 사람 사이를 갈라놓는다는 사실을 깨달았다고 한다. 여러분도 한번 시험해 보라. 우리는 빵집에서 케이크를 살 때 판매원에게 빚지는 기분을 느끼진 않는다. 그들을 돈을 벌려고 일했고 여러분은 그 대가를 지불했으니 말이다.

하지만 친구가 케이크를 구워 줬다면 완전히 다른 이야기가 된다. 친구에게 케이크의 대가로 돈을 준다면 굉장히 무례한 일일 것이다. 케이크는 친구가 여러분을 아낀다는 표현일 테고, 선물로 인해 우정은 더 깊어진다. 여러분은 보답으로 친구에게 또 다른 호의를 베푸는 선순환이 이어진다. 그렇다면 돈 없이 사는 것이 고난이 아니라 일종의 해방일 수도 있지 않을까.

우리도 돈 없이 살아보는 실험을 해봤는데, 완벽한 해결책은 아니라는 생각이지만, 돈이라는 주제에 깊이 접근해 본 점에서 가치 있는 일이었다. 감정적으로 어렵고 복잡하기도 했지만 우리 자신에 대해서 많이 배웠다. 내면에 많은 두려움과 무의식적인 편견을 갖고 살았음을 깨달았고, 전과는 다른 태도로 돈을 대하게 되었다. 그러면서 우리와 사물의 관계가 달라졌다. 삶의 우선순위도 바뀌었다. 우리는 좀 더 독립적이고 강해졌으며, 이런저런 두려움도 옅어졌다. 부디 여러분도 꼭 도전해 보길 바란다.

전환을 위한 **행동**

⏱ 소요 시간 ☑ 난이도

예산 계획하기

⏱ 6개월
☑ ★★

자기 주도적으로 돈을 다루기 위해선 자신의 습관을 의식하고 지난 반년 동안의 지출을 적어본다. 어떤 부분에서 다르게 지출할지 생각해 본다.

• 빚

매달 갚아야 할 대출금이 이자 포함 얼마인가? 줄이는 것 자체가 중요하다. 가능한 한 현금으로 지출하면서 빚을 더 늘리지 않도록 한다.

• 생활비

매달 집세와 보험금, 공과금 등을 포함한 생활비는 얼마나 드는가? 고정비 외에 먹을거리나 옷, 여가에 쓰는 비용도 계산해 본다.

• 저축

저금통이나 저축 계좌를 운영한다. 매달 조금씩 저축해서 여행이나 안식년 같은 특별한 지출에 대비한다.

• 자신을 위한 지출

검소한 성향이라면 의식적으로 스스로를 돌보기 위한 예산을 마련한다. 낭비하는 성향이라면 일탈에 주의한다. 자기 자신을 잘 대접하라는 말이 꼭 돈을 많이 쓰라는 뜻은 아니다.

돈

선물하는 사람 되기

⏰ 3주
☑️ ★★

너그러운 마음을 갖기란 상황과 성격의 제약으로 쉽지 않다. 3주 동안 '내려놓기'를 연습하면서 관대함을 키워보자.

❶ 1주 차 : 양보하기

일주일 동안 논쟁이 일어날 때마다 의도적으로 져주자. 자기 의견이 맞다고 생각할 때도 마찬가지다. 상황이 어떻게 달라지는가?

❷ 2주 차 : 웃음 선물하기

누군가가 화를 내거나 무례하게 굴 때 오히려 친절을 베풀어보자. 다정해 보이지 않는 사람들에게도 시도해 보자. 다들 어떤 반응을 보이는가?

- -

현명하게 투자하기

⏰ 4주
☑️ ★★★

아래 방법들을 참고해서 바람직한 방향으로 돈을 써보자.

❶ 1주 차 : 클릭 한 번으로 사회운동 하기

온라인으로 물건을 살 때마다 자신이 고른 사회단체에 기부금이 가는 쇼핑 플랫폼을 이용한다.

❷ 2주 차 : 기부하기

적은 돈이라도 직접 기부처를 골라 돈을 보낸다. 새로운 단체를 발견하고 참여하면서 다른 사람들을 지지하는 일은 즐거운 경험이다. 관련 플랫폼을 이용하면 더 편리하다.

❸ 3주 차 : 크라우드펀딩에 참여하기

웹사이트를 둘러보면서 지지하고 싶은 프로젝트를 찾아본다. 답례 선물도 받을 수 있다.

❹ 4주 차 : 은행 바꾸기

거래 은행이 자신이 지지하지 않는 일과 관련되어 있다면 대안 은행으로 계좌를 옮긴다.

돈 없이 살기

⏱ 1주
✓ ★★

일주일간 돈을 쓰지 않고 생활해 보면 우리가 돈에 얼마나 의존하고 있는지, 돈이 우리에게 무슨 영향을 주는지 알게 될 것이다. 이 실험이 얼마나 멋진지도 깨닫게 된다.

❶ 준비 단계

현금이나 카드 없는 일주일을 어떻게 준비하고 싶은가? 냉장고를 채워둘지, 안전장치 없이 실험에 뛰어들지 생각해 본다.

❷ 진행 과정

돈이 결부되지 않는 대안을 실험해 본다. 푸드쉐어링 업체로 음식을 구하고 물품 교환 모임에서 필요한 것을 얻는다. 다른 사람들의 도움을 받아야 할 순간도 올 것이다. 그럴 때 어떤 기분이 드는가? 주변 반응은 어떠한가?

❸ 마무리 작업

실험하는 동안 블로그나 일기를 쓴다. 마지막에는 여유를 갖고 긍정적·부정적 경험들을 떠올려 본다. 자신과 돈의 관계에서 어떤 점을 알게 되었는가? 다른 사람과 느낀 점을 공유하는 것도 좋다.

살림

덜 쓰고 살아보기

어느 날 〈쓰레기 대신 발명품Einfälle statt-Abfälle 〉이라는 잡지를 보다가 에너지를 절약하고 자원을 재활용해 집안 살림을 더 효율적이고 친환경적으로 만드는 방법을 소개한 기사에 꽂혔다. 이 잡지의 발행인이자 발명가 겸 공학자 크리스티안 쿠츠Christian Kuhtz가 쓴 글이다. 친환경 살림 분야의 개척자로서 오랫동안 한결같은 목소리를 내온 크리스티안은 집 구석구석을 쓸고 닦거나 전기와 물을 사용할 때 자신과 타인, 지구에 모두 이로운 방식을 몸소 보여준다.

그가 제시한 다양한 살림법은 실로 놀라웠다. 우린 그를 본보기로 삼으면서 독한 화학제품을 쓰지 않는 청소법을 배우고, 생활 습관이 세상에 끼치는 영향을 고민하게 되었다. 어떻게 하면 살림을 좀 더 친환경적으로 할 수 있을까? 어디부터 시작하면 좋을까? 일단 문제를 분석하는 데서 출발해 보자.

버려진 쓰레기는 어디로

현대인들은 마치 지구상에 자신들만 있는 것처럼 살아가고 있다. 시중 광고를 보면 모든 상품이 깨끗하고 해가 없어 보인다. 계속 사용해도 아무 문제가 없다고 한다. 하지만 자세히 들여다보면 우리가 제품을 쓰는 동안 자연 생태계와 지구 반대편 가난한 나라에 사는 사람들에게 피해가 가고 있다. 광고는 이런 실상을 전혀 보여주지 않는다.

생태계는 닫힌 순환계로, 모든 물질과 에너지가 변형을 거쳐 다시 사용된다. 그 무엇도 쓰레기가 되지 않는다. 자연이라는 완벽한 살림에서는 한 존재의 쓰레기가 다른 존재의 식량이 된다. 오로지 인간만이 예외다.

우리는 지구에서 쓰레기를 만들어내는 유일한 생명체다. 금방 쓸모없어질 물건을 계속 찍어낸다. 아주 잠깐 쓰이고 버려져 수백 년 동안 썩지 않을 물건 즉 쓰레기는 점점 규모도 늘어나 지구, 바로 우리를 심각하게 위협하고 있다. 공기와 해양뿐 아니라 우리 몸과 먹을거리도 오염시키니 말이다. 이런 사실을 다 알고 있으면서도 사람들은 끝없는 성장이 답인 것처럼 살아가고 있다.

세계은행은 세계 곳곳에서 하루에 발생하는 쓰레기양이 2025년엔 600만 톤을 넘을 거라고 예측했다. 현재 매년 바다로 버려지는 쓰레기는 640만 톤에 달한다. 해수면 1제곱미터당 1만 8천 개의 플라스틱 쓰레기가 떠다니다 부메랑이 되어 우리에게 돌아온다. (열 명 중 아홉 명의 혈액에서 미세플라스틱이 발견되었다.) 이런 쓰레기를 개발도상국에 (합법 또는 불법으로) 수출해 현지인들이 거대한 쓰레기 언덕에 사는 데 가담하고 있다. 이 모두가 우리의 무책임한 살림 때문이다.

하나하나 관찰하기

전기를 쓰려면 보통 벽에 설치된 스위치를 켜거나 소켓에 전자 제품 코드를 꽂는다. 물은 수도꼭지를 틀기만 하면 쏟아진다. 난방도 마찬가지로, 스위치만 켜면 금세 집 안이 따뜻해진다. 악취를 풍기는 쓰레기도 집 밖에 있는 수거함에 버리고 돌아서면 없는 존재가 된다. 모든 일이 너무나 쉽고 간단한 나머지 대다수 사람들은 편안한 생활을 누리는 대가를 생각하지 않게 되었다.

독일인의 62퍼센트는 자신이 쓰는 전기가 어디서 왔는지 모르고 있다고 한다. 물은 어떤가? 매일 사용하는 세면용품이나 청소용품에 들어 있는 성분을 알고 있는가? 부끄럽게도 우린 잘 몰랐기 때문에 문제를 인식한 뒤로는 살림하는 방식을 바꾸기로 했다. 그러려면 제일 먼저 우리 자신과 주변을 관찰하고, 의문을 가져야 했다.

독일인은 하루 평균 127리터가량의 물을 쓰고 있는데, 그 외에도 우리가 먹는 음식이나 옷, 자동차, 가전제품의 생산·운반·보관 과정에 들어가는 것까지 따지면 막대한 양이다. 지질학자 존 앤서니 앨런John Anthony Allan 이 고안한 '가상의 물virtual water' 개념에 따르면 차 한 대를 가질 때는 40만 리터, 커피 한 잔을 마실 땐 140리터의 물을 쓰는 것과 마찬가지다. 이 방식으로 계산하면 독일인이 하루 평균 3,900리터가량의 물을 쓰는 셈이라고 독일 연방 환경청은 발표했다. 직접적으로 쓸 때보다 30배나 많은 소비량이다. 즉 어떤 물건을 사지 않는 것만으로도 생각보다 훨씬 많은 양의 물을 아낄 수 있다는 뜻이다.

한편 전기에 대해서도 더 민감해져야 한다. 2017년에는 독일에서 6510

억 킬로와트시의 에너지가 일반 가정용으로 소비되었는데, 이는 1990년도의 6620억 킬로와트시보다 겨우 1.5퍼센트 줄어든 양이다. 줄었다는 사실은 다행이지만 충분하진 않다. 가정용으로 소비되는 전력은 전체에서 고작 4분의 1 수준이기 때문이다. 산업 및 상업 용도로 소비된 전력과 가정용 전력을 따로 떼어내 계산하는 방식은 과연 바람직할까? 물이나 쓰레기 문제와 마찬가지로, 상업용 전기도 소비자에게 도달하는 상품이나 서비스를 생산하기 위한 에너지인데 말이다.

우리가 매일 집 안으로 들이는 수많은 독성 화학물질은 또 어떤가. 건축 자재·청소용품·가구·장난감 대부분에는 독성물질이 들어 있다. 카펫·광택제·페인트·방향제·접착제·휘발유 등 목록을 적자면 끝이 없을 정도다. 생활에서 접하는 독성물질은 우리가 흔히 겪는 피로감, 편두통, 알레르기, 피부염, 호흡기 질환 같은 문제의 원인이 되기도 한다.

조사를 이어가면서 우린 다소 낙담하기도 했는데, 여기서 전기를 조금 쓰고 저기서 물을 조금 아끼는 걸로는 충분하지 않다는 생각이 들었기 때문이다. 친환경 청소 제품을 사도 썩는 데 백 년 이상 걸리는 플라스틱 용기라면 무슨 소용인가? 샤워할 때는 물을 아끼면서 정작 면 소재 옷은 일회용처럼 다룬다면? 면제품 하나가 완성되기까지 엄청난 양의 물이 들어가는데 말이다.

하지만 살림을 보다 친환경적으로 바꾸려면 뭐라도 해야만 했다. 우리는 처음으로 돌아가 '필요'를 다시 생각해 보았다. 자원을 소모하는 탐욕은 이미 시스템 전체에 내재해 있다. 자본주의에 기반한 경제 성장은 멈추지 않고, 지구 곳곳에서 엄청난 양의 광물과 자원을 끌어모으고 있으며, 소비자

가정에서 에너지를 절약하려면?

대기전력 주의하기

사용하지 않는 전자 기기는 제대로 꺼둔다. 스위치가 있는 멀티탭을 사용하면 편리하다. 10와트짜리 기기 5대의 대기 전력이면 1년에 100유로, 이산화탄소 220킬로그램을 아낄 수 있다.

밝기 낮추고 전력 줄이기

평균 에너지의 27퍼센트가 티브이, 음악 기기, 컴퓨터에서 나간다. 모니터의 밝기를 낮추면 에너지를 절약할 수 있다.

에너지 전환 지지하기

원자력이나 화력 발전소가 아닌 지속 가능한 발전원으로 전기를 공급하는 친환경 에너지 회사로 바꾼다. (독일의 전력 공급 시스템은 1990년대 민영화되었다. 수많은 전력 공급 회사들이 발전원과 탄소 배출량을 따져볼 수 있는 다양한 상품을 판매한다. 소비자는 상품 비교 사이트로 가정이나 사업장에서 쓸 전력 상품을 선택한다.-옮긴이)

방마다 다른 온도 설정하기

집 안 온도를 1도 낮추면 난방열을 5~10퍼센트가량 덜 쓰게 된다. 따뜻해야 하는 공간과 서늘해도 괜찮은 공간을 나눠 온도를 설정한다.

에너지절약형으로 바꾸기

사람들은 하루 평균 1인당 샤워, 목욕, 배설, 세수 등에 80리터의 물을 소비한다. 에너지절약형 제품으로 바꾸면 샤워기나 수도꼭지에서 나오는 물 소비량을 3분의 2까지 줄일 수 있고, 변기 레버의 경우 하루에 15~35리터의 물을 아낄 수 있다.

냉장고 적정 온도 맞추기

냉장고 온도를 5~7도로 설정하면 이산화탄소를 매년 20킬로그램이나 적게 쓰게 된다. 충분히 식재료를 보관할 수 있는 온도다. 냉동실은 영하 18도면 충분하다. 냉장고를 가스레인지나 식기세척기처럼 열기가 있는 기기 근처에 두지 않는다.

냄비 뚜껑 덮기

요리할 때 냄비 뚜껑을 덮으면 열 때보다 에너지가 3분의 1만 든다. 일주일에 다섯 번만 실천해도 연간 이산화탄소 100킬로그램을 줄이는 셈이다.

등급 확인하기

에너지 효율이 높은 가전제품을 사면 이산화탄소를 최대 160킬로그램까지 덜 배출하고 74유로의 비용을 절약하게 된다. (한국에서 에너지 효율을 확인하려면 '에너지소비효율등급' 라벨을 보면 된다. 등급 표시 1~5중 '1'이 가장 높다.-편집자)

들은 끊임없이 소비하게 된다. 이 순간에도 집 안으로 쏟아져 들어오는 소비재들을 떠올려 보라. 지구는 이미 한계에 도달했다.

마법의 단어, 줄이기

사회 전체를 단번에 바꿀 수 없다면 개인부터라도 이 거대한 시스템에서 빠져나와야 한다. 우리는 네 개의 벽으로 둘러싸인 우리의 공간, 집에서부터 변화를 꾀하기로 마음먹고 집 안을 구석구석 돌며 모든 물건을 찬찬히 살폈다. 때론 전문가들을 찾기도 했다. 플라스틱을 어떻게 더 줄이지? 전기와 물을 어떻게 절약하지? 쓰레기를 줄일 방법은 뭐가 있을까? 그러면서 사소한 실천 한 가지가 여러 문제를 복합적으로 해소해 준다는 사실을 알게 되었다.

예를 들어, 세제를 직접 만들어 쓰면 플라스틱 쓰레기를 줄일 뿐 아니라, 돈도 아끼고 건강도 지킬 수 있다. 우리는 세제 만들기처럼 직접 해볼 만한 일들을 쉬운 내용부터 적어 내려갔다. 목록이 길어질수록 승부욕이 솟아났다. 바꿀 수 있는 문제를 찾아내고 대안을 실행했을 때 벌어지는 즉각적인 결과를 보니 굉장히 흥미로웠다.

대다수 대안은 줄이거나 덜어내거나 그만두는 일이었다. 뭔가를 줄인다는 내용에는 돈이 포함돼 있어서 가계 형편도 나아졌다. 무엇보다도 과정이 외롭지 않았다. 전 세계적으로 활발한 제로 웨이스트 커뮤니티 같은 곳에서 우리와 같은 사람들을 만날 수 있었다. 친환경 제품 소개 플랫폼 운영자 디에트린데 퀴크Dietlinde Quack는 집에서 에너지를 절약하는 방법 세 가지를 알려주었다.

첫째, 처음부터 돈을 조금 더 들이기. 할로겐이나 백열등을 LED 전구로 교체하고 온수 히터에 타이머를 설정하고 수도꼭지에는 절약형 단자를 다는 등 돈을 조금 들이면 더 이상 신경 쓰지 않아도 된다. 작은 투자로 마음 편하게 생활하며 시간도 아낄 수 있다.

둘째, 습관 바꾸기. 실내 온도는 너무 높게 유지하지 않는다. 세탁물은 한꺼번에 모아서 낮은 온도로 돌리고, 사용하고 난 가전제품은 꺼둔다. 정기적으로 생각하고 판단해야 하므로 약간 어려운 과제다.

셋째, 에너지 등급 살피기. 기기를 교체할 땐 에너지 효율이 더 높은 것으로 산다.

독일환경보호협회 환경정책관 인드라 엔터라인Indra Enterlein 은 유해물질이 든 세척 용품이 몸 건강과 주변 환경에 미치는 영향을 줄일 간단한 방법을 일러주었다.

"제가 절대 쓰지 않는 물건이 있는데요. 바로 변기에 놓는 방향제와 냄새 제거 스프레이, 염소가 든 청소 세제·곰팡이 제거제·하수구 세척제입니다. 눈과 피부, 호흡기를 자극하고 알레르기를 유발할 우려도 있죠. 사실 집 안 청소에 필요한 세제는 단 네 가지뿐입니다. 다용도 청소 용액, 그릇 씻는 세제, 청소용 연마 크림, 그리고 석회질을 없애는 식초나 구연산. 여기에 세제 정도를 추가하는데요. 실제로 많은 가정의 선반을 살펴보면 훨씬 많은 제품이 놓여 있더군요. 확 줄여보세요."

독자 여러분은 이 책에 나온 방법들만 실천해 봐도 상당한 변화를 체감할 수 있을 것이다. 모든 것을 한 번에 바꾸려고 하기보다 작은 것부터 시도해보길 권한다. 시작이 반이다. 확실한 목표를 정하면 나아갈 길이 보인다.

전환을 위한 **행동**

⏰ 소요 시간 ✅ 난이도

플라스틱 줄이기

⏰ 1개월
✅ ★★★

❶ 플라스틱 덜 사기

대부분의 플라스틱 물건은 건강에 해롭고 수명도 짧을 뿐 아니라 환경도 해친다. 첫 주에는 플라스틱 제품을 덜 사도록 한다. 포장재, 장난감, 화장품, 음료병, 비닐봉지… 의식하기 시작하면 꽤 많은 플라스틱을 발견하게 된다. 그다음에는 대안을 찾아본다.

❷ 플라스틱 덜어내기

남은 3주 동안은 집에 있는 플라스틱 물건을 찾아 오래 쓸 수 있는 친환경 소재로 대체해 본다. 플라스틱이라고 해서 모두 버리면 쓰레기 산만 더 커지므로 필요 없는 물건은 중고 가게에 팔거나 주변에 준다.

다르게 빨래하기

⏰ 1주
✅ ★

현재 우리는 1년에 1인당 평균 8킬로그램의 세제를 사용한다. 조금이라도 괜찮으니 일단 줄여보자.

❶ 빨랫감 모으기

민감성이나 색깔 유무로 빨랫감을 나눈다. (세탁 표시를 참고할 것)

❷ 세탁기 채우기

맨 위쪽 공간을 손바닥 하나만큼 남기고 나머지는 가득 채워 돌리면 물과 전기를 절약할 수 있다.

❸ 세제 적당히 쓰기

옷감과 오염 상태에 따라 세제량을 다르게 한다. 사용하는 물이 경수인지 연수인지 확인한다. (연수라면 세제를 적게 써도 된다.)

❹ 적당한 온도로 돌리기

일반 빨래는 30~40도로 충분하다.

✚ 빨래 쉽게 말리는 방법

충분히 탈수한 빨래는 따뜻하고 환기가 잘되는 곳에서 잘 마른다. 건조기는 가능한 한 쓰지 않는다. 빨래를 잘 펴서 걸어 말리면 다림질을 안 해도 된다.

친환경 세제 만들기

⏰ 2일
✓ ★★

청소할 거리가 잔뜩 쌓여 있지만 독한 화학제품은 쓰기 꺼려진다면? 자기만의 청소 세제를 만들어본다.

• 다용도 청소액

재료: 물 8리터, 소다 1큰술, 구연산 1작은술, 액체 또는 고체 비누 4큰술

소다를 끓는 물에 녹인다. 5분 뒤 구연산을 넣고 잘 젓는다. 비누를 추가로 넣고 저어준다. 완성된 액체를 스프레이 병에 넣고 사용한다.

• 청소용 연마 가루

광물 가루와 분필을 1:1로 섞어 통에 담는다. 얼룩에 젖은 천을 문지른 다음 가루로 비벼 닦아내는 방식으로 쓴다.

• 주방 세제

끓는 물 1리터에 염석 비누 3큰술을 넣고 잘 저어준다. 이틀 경과 후 여러 번 저어준다. 다 저은 다음 물 1리터와 식초 반 컵을 더하면 끝!

• 유리 세정제

물 7.5리터에 변성 알코올 2.5리터를 넣고 병에 담아 쓴다.

에너지 절약하기

⏰ 1일
✓ ★★

가정에서 에너지를 아끼는 3가지 방법

❶ 백열등이나 할로겐전구 대신 LED 등을 쓴다.

❷ 낮 동안 난방 설정 온도를 낮추고, 외출 시엔 아예 꺼둔다.

❸ 에너지 절약 효과가 있는 전자 제품을 사거나 집의 단열재, 난방 시설을 새로 설치한다.

✚ 공유기 끄기

와이파이 공유기를 계속 켜두면 에너지가 낭비된다. 시간 설정 기능을 활용해 밤에는 꺼두자. 와이파이 신호가 건강에 좋지 않다는 연구 결과도 있다.

수리

새로운 물질주의자 되기

항구가 내다보이는 함부르크의 상파울리구 한가운데에 컨테이너가 하나 서 있다. 내부에는 공유 작업장이 자리 잡고 있다. 전자기기 부품과 목재로 누구나 자기만의 휴대폰을 직접 만들 수 있는 곳이다.

우리는 여기서 한창 작업 중인 두 사람을 만났다. 작업은 수월해 보이지 않았다. 둘은 전선이 어디로 가야 하는지, 어떻게 작동하는지 파악하며 비슷한 행동을 여러 번 반복했다. 이들이 조립 중인 휴대폰은 90년대에 나온 LCD 디스플레이 화면과 자투리 목재로 만든 커버로 모양을 갖춰가고 있었다. 두 사람은 아직 서툰 솜씨지만 작업에 몰두한 결과 첫 주에만 벌써 12대를 만들었다며 자랑스러워했다.

새것 대신 대안을 찾아서

요즘 우리는 이곳저곳을 탐방하고 있다. 만일 사람들이 소비자 역할에만 머물지 않고 **소규모 생산자**micro-producer가 되어 필요한 물건을 직접 만들어

쓴다면 어떤 미래가 올지 전망해 보는 것이 탐방 주제다. 그렇게 되면 기업들이 신제품 출시로 계속 물건을 사게 만드는 현재 방식이 더는 통하지 않을 수도 있다. 믹서기든 소파든 필요한 것이 생길 때, 사람들은 기성품을 사는 대신 인터넷에서 제품 설계도를 구해 3D 프린터로 직접 만들어 쓰게 될 테니까. 공유 작업장에서 제작할 수도 있을 것이다.

이런 전망이 실현된다면 우리 사회에는 더 많은 다양성과 창조성, 혁신이 나타날 것이다. 좋은 아이디어를 가진 사람들이 전자 제품이나 가구 회사보다 먼저 친환경적이고 공정한 방법으로 새로운 물건을 생산해 내고 기술에 밝은 소비자들이 인터넷에서 찾은 3D 제품 설계도를 직접 변용해 쓰는 모습을 상상해 보라.

유럽에 사는 우리가 3D 프린터로 새로운 티브이를 찍어 낼 때 방글라데시의 주부나 탄자니아의 학생도 같은 작업을 할 수 있다면, 로컬 기반의 친환경적이고 공정한 생산 체계가 실현되는 셈이기도 하다. 국제 무역을 기반으로 한 지금의 공산품 제조·유통 시스템에 큰 변화가 일어날 수 있다. 지금은 공산품 하나가 만들어질 때 배출되는 탄소가 너무 많다.

베를린에서 제로 웨이스트 라이프스타일 프로젝트를 운영하는 토비아스 퀴스트Tobias Quast (국제 환경단체 '지구의벗' 독일 지부 쓰레기 자원 정책 부문 활동가)에게 전자기기 사용 기간을 늘려야 하는 이유를 들어보았다.

"전 세계적으로 매년 5천만 톤의 전자 폐기물이 발생합니다. 심각한 상황이죠. 독일에서는 전자 폐기물 수출이 금지되어 있지만 항구를 떠나는 컨테이너 화물선을 일일이 확인하지 않아요. 그러니 전자 쓰레기가 실제로 어디로 가는지는 모르죠. 하루는 환경단체들이 전자 폐기물에 위치 추적 장치를 달고 신호를 따라가 봤더니 쓰레기 관련 법이 없는 국가에 도착한 사실이 밝혀지기도 했어요. 그 나라 지하수와 토양, 대기는 분명히 오염될 겁니다. 전자기기에는 희소 금속과 광물이 들어가니 제조업체 입장에서는 재활용할 필요가 있는데요. 다만 재활용하더라도 일부만 가능하고, 그 과정에서 에너지 소모가 불가피합니다. 전자제품은 생산 과정에서 가장 많은 에너지가 듭니다. 그러니 제조업체는 처음부터 기기를 내구성 있게 디자인하고, 물건이 고장 나도 소비자가 쉽게 수리할 수 있도록 교체용 부품을 시장에 내놓아야 합니다. 또 고쳐 쓰는 비용이 새로 사는 것보다 저렴해야 하고요. 이를 뒷받침하는 새로운 법이 마련되어야 합니다. 프랑스나 스웨덴에서 수리 업체에 부가세를 적게 부과하는 것처럼요. 환경비용을 현실적으로 반영해 자원세를 다시 매겨야 하고 제품 보증 기간은 더 길게 잡아야 합니다."

그렇다면 소비자가 할 수 있는 일은 뭘까? 기업에 변화를 요구하고, 물건을 고쳐 쓰거나 중고로 사는 방안을 우선시해야 한다.

이 많은 물건은 다 어디로?

우리는 공유 작업장에서 자투리 나무로 만든 휴대폰을 보면서 계속 상상해 보았다. 3D 프린터가 지금보다 훨씬 더 상용화되어 소비 중독에 빠진 사람들 손에 들어간다면 어떤 일이 벌어질까? 프린터가 필요를 충족하는 신통한 도구가 아닌 무분별한 소비욕을 해소하는 수단으로 사용될 수도 있다. 그런 식으로 수많은 이들이 매일 새로운 휴대폰이나 안경집, 라디오 따위를 찍어 내 자원과 에너지를 낭비한다면 끔찍한 일이다.

오늘날 독일인들은 평균적으로 1만 가지 물건을 소유하고 있다. 사회학자 르네 프라이René Frey는 경제 성장이 지금처럼 계속되고 소비 패턴이 바뀌지 않는다면 우리 아이들은 지금보다 2배, 손주들은 4배, 손주의 자식들은 8배에 달하는 물건을 갖게 된다고 예측한다. 이 추정치에다 3D 프린터 상용화까지 고려하면 물건은 얼마나 더 많아질까? 그런 미래에 사람들의 집 안은 대체 어떤 모습일까?

200년 전 사람들은 150가지 정도의 물건을 가지고 살았다고 한다. 그렇다고 옛날 사람들이 지금 우리보다 불행하지는 않았을 것 같다. 어쩌면 더 행복했을지도 모르겠다. 수백년 전에 비해 의식주의 기본 조건이 아주 크게 달라진 것도 아닌데, 현대인들은 그전보다 훨씬 많은 물건이 들어찬 집에서 살게 되었다. 심지어 명품을 꼭 소유해야 한다는 부담감을 느끼며 사는 이도 많다.

물건을 소유한다는 것은 사실 그만큼 부담을 껴안는 일이다. 물건을 하나 사는 데 돈만 필요한 게 아니기 때문이다. 돈을 벌거나 물건을 고를 때 드는 시간도 있지 않은가. 판매 중인 다양한 모델·소재·기능·보증 내용까지 따져보고 현명한 소비를 하려면 말이다. 게다가 열심히 검색하고 잘 알아보고 사더라도 찝찝한 기분에 시달릴 때가 많다.

마침내 물건을 손에 넣어도 끝이 아니다. 깨끗하게 관리하고 사용하다가 나중에 적절히 버리는 데도 시간과 노력이 든다. 평생 이런 일이 얼마나 누적되는지 계산해 보면, 1만 가지를 소유하고 사는 현대인의 삶이 이전보다 낫다고 할 수 있을까?

수많은 물건과 함께 사는 것은 마음에도 부담을 준다. 무거운 기분을 맛있는 음식을 먹는 일 등으로 해소하려 하기도 한다. 이런 악순환 속에서 어디 인간만 불행할까. 온갖 살림살이와 옷가지를 값싸게 만들고 팔고 버리는 현대 자본주의 시스템으로 생긴 거대한 쓰레기 더미 아래서 동식물도 신음하고 있다.

미니멀리즘은 대안이 될 수 있을까

반면 과열된 현대 소비주의 사회에 반대하는 사회운동도 있다. 그중 하나가 미니멀리즘이다. 소유와 소비를 최소로 줄이고 간결한 삶을 추구하는 미니멀리즘은 최근 세계 곳곳에서 주목받고 있다. 미니멀리즘을 실천하는 사람들은 집을 과감하게 비우기도 한다. 그러면서 삶에서 중요한 것이 무엇인지 좀 더 분명하게 보게 되었다고 말한다.

그러나 막상 실천하기는 쉽지 않다. 무언가를 축적하는 행위는 생존과 번영을 추구하는 인간 본성의 일부이기도 하니까. 우리는 물건을 소유하면서 비록 피상적이지만 안정감을 느끼고, 눈에 보이는 물건이 의미하는 어떤 이미지가 충족되는 기분도 든다. 다기능 조리 기구나 피트니스 기록계를 갖고 있으면 유능한 요리사나 뛰어난 운동선수가 된 것처럼 느껴지니 말이다.

하지만 내면을 깊이 들여다보자. 마음 한쪽에는 내려놓고 비워냄으로써 자유로움을 느끼는 자아도 분명히 있다. 러시아의 철학자이자 작가인 알렉산드르 솔제니친Aleksandr Solzhenitsyn은 이런 말을 했다. "자기 절제는 인간의 자유를 확장하는 가장 본질적이고 지혜로운 방식이다."

우리도 필요 없는 물건들을 멀리함으로써 오히려 자유로움을 느꼈다. 이런 삶의 방식에 공감하지 못하는 이도 분명 있겠지만 달리 어떤 대안이 있을까? 천적이 다가올 때 얼른 도망가는 대신, 공포에 질려 머리를 모래에 묻

어버린다는 타조처럼 행동하기엔 이미 늦은 듯하다. 현실을 외면하며 "하지만 난 더 많은 걸 원해"라고 외치는 대신, 미래 세대에게 노력의 결과를 알려주는 편이 낫지 않을까? 우리의 단호한 결정 덕분에 지구의 온도가 더 오르지 않았다고. 그들이 쓸 수 있는 자원이 아직 충분하다고. 벌이 멸종되지 않았다고.

새로운 물질주의자가 되자

다소 이상해 보일지도 모르겠지만, 우리는 다시 '물질주의자'가 되자고 할 참이다. 이 말은 무조건 물건을 취하자는 뜻이 아니라, 주변을 둘러보고 우리가 가진 물건의 진정한 가치를 들여다보자는 말이다. 쇼핑할 때 빨리 닳거나 쉽게 고장 나는 물건을 골랐다고 생각해 보자. 굉장히 싸게 샀다고 해도 결국 물건에 시간을 빼앗기게 된다. 금방 같은 기능을 가진 다른 물건을 찾아 헤매야 하기 때문이다. 중고품이지만 편안한 소파에 앉아 고요하게 책을 읽는 것과, 이케아 같은 대량 생산품 매장의 미로를 헤매며 또 하나의 싸구려 소파를 사러 다니는 것. 둘 중 어느 쪽 삶의 질이 높을까?

물건을 자기 손으로 직접 수리하는 것도 물건의 가치를 존중하는 또 하나의 방법이다. **고쳐 쓰기 운동**은 전 세계적으로 돌풍을 일으키고 있다. 많은 사람이 대충 쓰고 버리는 라이프스타일에 질릴 대로 질렸고, 직접 고친 물건을 더 소중히 여기게 되었다. 몇 해 전, 한 네덜란드의 예술가는 부서진 접시를 금으로 이어 붙이며 망가진 물건을 값진 작품으로 만들어 발표하기도 했다.

판매가 잘되면 그만이라는 자본주의 논리에 따라 제품을 처음부터 빨리

고장 나도록 만들어 파는 기업들의 '계획된 진부화' 전략에 반대하는 사람들도 있다. **엉터리 물건? 사절!** Murks? Nein Danke! 이라는 시민운동도 그중 하나다. 이곳은 시중 제품을 직접 조사 연구해서 제조업자에게 제품의 지속적인 결함을 개선할 것, 수리하기 쉽게 구조를 바꿀 것을 요구한다. 시민운동을 지원하는 공익 재단에서 일하는 린 퀸테 Linn Quante 에게 (함께 모여 물건을 고치는 일이 왜 중요한지) 물었다.

"매년 독일에서 무언가를 고쳐 쓰려고 하는 시도는 12만 5천 건 정도 돼요. 그중 60~80퍼센트 정도가 수리에 성공하죠. 고쳐 쓰기 운동 붐이 일면서 이 문제와 관련한 시민 단체가 독일에는 500개나 생겼고, 점점 늘어나는 추세인데요. 활동에 참여해 본 사람은 스스로 고쳐 쓰는 게 얼마나 행복한 일인지 알게 되죠. 다들 즐거움과 자부심으로 얼굴에 빛이 나요. 아끼는 물건을 살려냈기 때문에, 혹은 산 지 얼마 안 된 물건을 못 쓰게 될 때 느끼는 좌절감을 극복하게 되니까요."

스스로 물건을 고쳐 쓰는 문화는 전부터 존재했으나 주로 집에서 혼자 하던 형태라 드러나지 않았다. 고쳐 쓰기 운동의 물적 토대는 여럿이 공유 작업장에서 함께 수리하는 것으로 완성되는 셈이라고 린은 설명했다.

"2002년 독일에서 최초의 공동 수리 행사라고 할 수 있는 **수리하는 날**이 열렸어요. 그러다 2009년 네덜란드의 언론인 마르티나 포스트마 Martine Postma 가 암스테르담에 첫 번째 **수리 카페** Repair Café 행사를 개최하면서 고쳐 쓰기 운동이 본격화되죠. 이후로 전 세계에 1천 개가 넘는 리페어 카페가 생겼어요. 집에서 혼자가 아닌 열린 공간에서 다른 이와 함께 수리하면서, 버리는 문화에 저항하고 자원을 아껴 쓰는 문화가 자리 잡았죠. 사람들은 자연스럽게 일상 속 물건들과 이전과 다른 관계를 맺게 되며, 물건의 진정한 가치를 배웁니다."

　우리는 함부르크 컨테이너 공유 작업장에서 깨달았다. 애정과 헌신을 다해 직접 만든 물건은 그 무엇보다 값지고, 어떤 제품으로도 대체할 수 없다는 것을. 이제부터는 필요한 물건을 각자 취향에 따라 직접 만들어보자. 목재 판자로 옷장을, 예쁜 나뭇가지로 정원 장식을, 택배 상자로 의자를 완성하는 방법이 인터넷에 잔뜩 나와 있다. 정보를 공유하고 서로 기술을 가르쳐 주며 창조적인 작업을 함께하는 단체도 세계 곳곳에 널려 있다. 다양한 집단 지성과 협력 모델로 공산품을 대체할 멋진 물건을 장만해 보자.

ACTION

전환을 위한 **행동**

⏰ 소요 시간　✅ 난이도

충분히 질문하기

⏰ 1시간
✅ ★★

모든 구매가 필요나 욕구에서 출발하지는 않는다. 물건을 사기 전에 다음 질문들을 던져보자. 그러다 보면 한 번쯤은 안 사게 될지도 모른다.

❶ 정말로 마음에 드는 물건인가? 직접 만들어볼 수는 없을까?

❷ 이미 비슷한 물건을 가지고 있지는 않은가? 고장 나거나 촌스러워서 바꾸고 싶은가? 수리가 가능하지 않을까? 혹시 빌릴 곳이 있는가?

❸ 이 물건을 사려면 몇 시간을 일해야 할까? 물건을 관리하는 데는 시간이 얼마나 들까? 그 시간에 다른 일을 할 수도 있지 않을까?

물건 줄이기

⏰ 1~2일
✅ ★★

3개월마다 진행한다.

• 사용 빈도가 낮은 물건을 틈틈이 모아둔다.

• 1년 이상 사용하지 않은 물건은 팔거나 선물한다.

• 여러 용도로 쓸 수 있는 물건을 우선순위에 둔다.

➕ **수집인가, 축적인가?**
수집과 축적은 다르다. 수집에는 체계가 있다. 반면 축적은 심리적 압박감으로 많은 것을 소유하고 싶어 물건을 쌓아두는 상태다.

가구 환경성 확인하기

🕐 1시간
☑ ★

- **소재** : 어느 정도 친환경적인가? 제품 생산과 폐기에 어떤 자원이 들어가는가?

- **거리** : 제품과 재료, 포장재는 각각 어디서 왔는가?

- **상세 정보** : 제조사나 판매사의 웹 사이트에서 제품의 어떤 점을 더 알 수 있는가?

- **무게** : 얼마나 무거운가?

- **수명** : 얼마 동안 쓸 수 있을까?

- **편리성** : 얼마나 편안하고 다루기 쉬운가? 쉽게 더러워지진 않나? 닦아 쓸 수 있나?

- **조화** : 디자인이 유행을 타지 않고 다른 가구와 무난하게 어울리는가?

- **수리 가능 여부** : 소모품을 교체하거나 고칠 수 있는가?

- **업사이클링 가능 여부** : 버릴 때 일부분을 다른 곳에 쓸 수 있는가?

직접 만들어보기

🕐 1일
☑ ★★

- **소비 대신 수리** : 물건이 고장 나면 지역에 있는 공유 작업장을 찾아가 직접 고쳐본다.

- **소비 대신 창조** : 가구를 직접 만드는 일은 즐겁고 창조적일 뿐 아니라 비용도 절감해 준다. 친구끼리 즐거운 시간을 보낼 기회가 되기도 한다.

- **폐기 대신 업사이클링** : DIY 프로젝트를 하는 데 사용할 만한 자투리 재료가 있는지 둘러보자. 목재 판자나 대형 택배 상자로도 다양한 물건을 만들 수 있다.

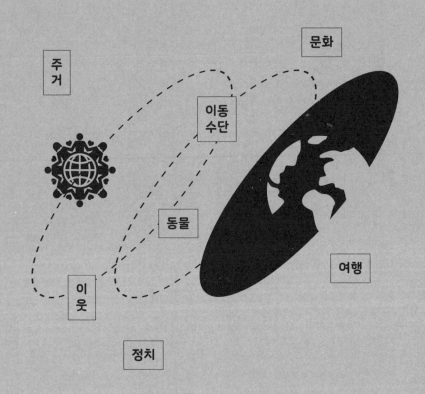

주거

문화

이동
수단

동물

여행

이웃

정치

CHAPTER 2

사회를 바꾸기

주거
다르게 살기

10

에너지 절약이라는 목표 아래 집 문제
를 파고들다 보니 가구를 바꾸고 살림을 정돈하는 것만으론 왠지 부족하다
는 생각이 들었다. 거주 공간으로서의 집에 대한 고민도 필요해 보였기 때
문이다. 우리는 생각의 실타래를 풀기 시작했다. 세상 모든 사람에게는 집
이 필요하다. 안전하게 재충전할 수 있고 편안한 상태로 쉴 수 있는 장소 말
이다.

유엔 인권 헌장에 따르면, 모든 사람은 집을 가질 권리가 있다. 독일 정부
가 1976년에 비준한 유엔 사회권 규약에도 비슷한 내용이 있다. 거주 공간
은 외부로부터 안전하고 드나들기 쉬우며 경제적으로 감당할 만한 곳이어
야 하고, 집의 상태와 위치는 인간적인 삶을 보장해야 한다. 그 안에선 폭력
이 일어나지 않아야 한다고도 적혀 있다.

지극히 상식적인 내용이지만 현실은 사뭇 다르다. 우리 사회에서 집은 기
본권이 아니다. 독일 연방 프로젝트 그룹에 따르면, 2018년 기준 67만 8천
명이 일정한 거주지가 없는데 그중 약 16만 6천 명이 독신, 1만 9천 명이 어

린이와 청소년, 5만 9천 명이 여성이었다. 또 4만 1천 명은 1년 내내 거리에서 노숙하는 것으로 집계되었다. 주소지는 있지만 집세를 감당하기 어려워 행방이 불분명해진 이들을 더하면 수치는 더 커질 것이다.

이 통계가 세계에서 가장 부유한 국가 중 하나인 독일의 현실인 것을 보면 가난한 나라들 상황은 훨씬 심각하지 않을까. 한 어린이 자선 단체는 전 세계적으로 1억 명의 아이들이 거리에서 살고 있다고 추산했다.

누구의 동네인가

지난 수년간 세계 대도시들은 극심한 젠트리피케이션gentrification을 겪었다. 재개발이 진행되면서 임대료가 오르고 건물주가 바뀌었다. 유휴지에도 건물이 빼곡히 들어섰고 대개는 상업화되었다. 사람도 바뀌었다. 다양한 사람들이 더불어 살던 동네에 중산층 이상인 세입자들이 들어오기 시작했다.

젠트리피케이션은 영국의 사회학자 루스 글래스Ruth Glass가 50여 년 전 런던의 이슬링턴Islington 구역이 변하는 과정을 연구하면서 고안한 용어인데, 어원에 해당하는 '젠트리gentry'는 '준귀족'을 뜻한다. 근래에는 구도심이 활성화되면서 새로 생기는 구역에 중산층 이상의 인구가 유입되는 현상을 반영하는 말로 쓰이고 있다.

어딜 가나 비슷비슷한 카페와 의류 프랜차이즈 매장. 젠트리피케이션이 일어난 동네의 거리는 나란히 늘어선 화장실 칸처럼 서로 닮아 있다. 영세 자영업자나 평범한 세입자는 오르는 임대료를 감당하지 못하고 터전을 떠난다. 지금도 '낙후 지역 개발'이라는 이름으로 벌어지는 일들로 수많은 사람이 정든 집이나 도시를 떠나야 하는 상황이다. 남아 있는 사람들, 한 부모

가정과 외벌이 가정은 주거 공간을 유지하기 위해 무리하게 일해야 한다.

주택은 어느 나라에서나 대부분 사유화되어 있고 투기 대상이다. 결과적으로 우리 사회의 거주 공간은 점점 더 불평등하게 분배되고 있다. 소득이 높은 사람들은 도시를 차지한 상태로 점점 더 넓은 공간을 점유해 나간다. 평생 고용 일자리는 줄어들고 많은 이가 프리랜서, 자영업자, 구직자로 살아가면서 주거 불안에 시달리고 있다. 사람들은 높은 집세를 내기 위해 더 많이 일하게 되었다. 하지만 친구나 가족과 어울릴 시간도 없이 종일 다람쥐 쳇바퀴 돌듯 외롭게 일해야만 살 수 있는 집이라면 무슨 소용인가.

대안은 있다

물과 전기, 식량을 자체적으로 생산하는 곳에 사는 삶을 한번 상상해 보자. 내부 온도를 알아서 조절하고 에너지는 최대한 보존하며 각종 비용도 줄여주는 곳. 사생활까지 충분히 보장된다. 과연 가능한 일일까?

건축가이자 베트남 참전 군인인 마이클 레이놀드Michael Reynold는 이미 40년 전 같은 의문을 가졌다. 그는 쌓여가는 쓰레기 산과 고갈되는 천연자원을 심각한 생태 문제로 인지했다. 집값이 점점 오르고, 도시가 중앙 집권적인 폐기물 처리 시스템에 의존하는 행태도 보았다. 이 같은 문제에 해법을 제시하기 위해 마이클은 적은 비용으로 자급자족 시스템을 돌릴 수 있는 집을 완성했다. 주재료는 자동차 타이어나 유리병 같은 현대 문명의 쓰레기이고 빗물 저장 공간이 마련되어 있으며 벽에 열을 저장할 수도 있는 집이었다.

마이클은 언뜻 공상과학물 소재처럼 보이는 이곳에 자신의 철학을 담아

어스쉽Earthship 이라는 이름을 붙였다. 그 후 어스쉽을 보급하는 데는 여러 난제가 생겼고 프로젝트를 적대시하는 이들도 있었지만 그는 포기하지 않았다. 어스쉽은 북미 지역을 중심으로 꾸준히 관심을 끈 덕에 현재 세계 곳곳에 1천 개 이상 설치되어 있다.

그런가 하면 단순하고 재생 가능한 재료인 짚단으로도 튼튼한 집을 지을수 있다는 사실을 멋지게 증명한 사람도 있다. 대안적인 건축법을 시도하는 건축가 디어크 샤머Dirk Scharmer다.

"제 도전 과제는 자연을 넘어서는 게 아니라 활용하는 것으로, 짚은 하나의 상징인 셈입니다. 집을 지을 때 이웃의 들판에서 나온 짚단을 압축해서 벽이나 지붕 단열재로 쓰는데요. 목조 골격에 짚단을 채우고 표면에 바로 벽을 바르면 됩니다. 일반적인 목조 건축과 달리 공장에서 가공한 목재패널을 쓰지 않으므로 접착제가 필요 없고 에너지도 덜 듭니다. 나무와 짚은 재생 가능한 자재이고 회반죽을 대신하는 황토도 어느 나라에서나 무한정 구할 수 있어요. 오늘날 많이 쓰이는 건축 자재들은 복잡한 제조 공정과공급 단계를 거치는데 그 과정이 종종 불투명하고 생태적 균형 면에서 좋지않다고 봅니다."

그는 세상을 어떻게 바꿀지 고민하는 우리에게 자연과 더불어 잘 사는 방법을 보여주었다. 덕분에 이제 막 대안 주거 형태를 익히기 시작한 우리는핵심을 파악했다. 좋은 대안은 참신한 아이디어가 아닌 자연과 조응하던 과거 방식에서 나온다는 것이다.

새로운 형태의 주거 공동체

연방 통계청에 따르면, 2018년 1인 가구는 독일 전체 가구의 42퍼센트를 차지한다. 즉 1720만 명이 혼자 사는 셈인데 사실 1인 가구 형태는 공동 주거보다 친환경성이 떨어진다. 앞에서 다룬 에너지 과소비 문제를 떠올려 보자. 살림살이는 나눠 쓸 때 절약 효과가 커진다. 그러니 1인 가구 주택 공급을 늘리겠다고 대도시에 획일적인 건물 수천만 채를 지어대는 일은 친환경적이지 않다.

그 외에도 마음 맞는 사람들과 어울려 사는 공동 주거는 여러모로 장점이 많다. 함께 요리하고 필요한 물건은 공유하고 아이를 같이 키우며 생활 전반에 걸쳐 시너지를 낼 수 있다. 적절한 사회적 교류는 일상의 스트레스를 줄여주고 삶의 안정성을 높인다. 물론 크고 작은 갈등은 있겠지만 공동체에선 당연한 일이다. 대화와 타협으로 갈등을 해결하는 법을 배운다면 오히려 멋진 일 아닌가. 혼자 살면 문제도 홀로 짊어져야 하니 말이다.

생태 공동체, 자동차 없는 가구, 예술인, 다세대, 한 부모 가정 등 모집 대상에 따라 공동 주거 프로젝트의 가능성은 무궁무진하다. 자신이 원하는 조건을 고민해 보고 결정하면 된다. 마음이 통하는 이들끼리 작은 울타리를 만들어 함께 사는 공동 주거 모델은 이미 도심이나 시골 한가운데에 다양하게 존재한다. 이때 유대감을 바탕으로 서로 돕고 지지하는 공동체 유무가 공동 주거 프로젝트의 성패를 좌우한다.

공동 주거는 새로운 삶의 기반을 얻고, 외로움에서 벗어나고, 수많은 자원을 공유하며 더불어 사는 일이다. 우리는 곁에 누군가 존재한다는 것만으로 삶의 의미를 얻기도 한다. 그런데 개개인이 그저 익명으로 존재하는 대도시는 애초에 이런 기능을 하도록 설계되지 않았다. 따라서 집 이상의 의미로 정의할 만한 새로운 형태의 공동체 건설은 문화적·사회적·정치적 실험이기도 하다. 더 나은 세상을 꿈꾸는 데서 나아가 구현하기 위한 실험인 셈이다. 자, 이제 문을 활짝 열고 밖으로 나갈 시간이다.

전환을 위한 **행동**

⏰ 소요 시간 ✓ 난이도

만족도 검사하기

⏰ 1시간
✓ ★

현재 사는 집의 장단점을 써보자. 어떤 점이 더 두드러지는가?

• 환경
창문으로 어떤 풍경이 보이는가? 주변을 관찰한 다음 마음에 드는 것, 별로 좋아하지 않는 것, 필요하다고 생각되는 시설 등을 적어보자.

• 건축
지금 사는 집은 지속 가능한 친환경 자재로 지어졌는가? 임대라면 집주인에게 물어보고 긍정적 부정적 측면을 확인한다.

• 공동체
혼자 사는가, 동거인이 있는가? 외로운지, 개인 공간이 더 필요한지 자신의 현재 상태를 평가해 본다.

공동 주거 프로젝트 찾기

⏰ 1일
✓ ★★

변화를 꿈꾸며 알맞은 주거 공동체를 찾고 싶은 이들에게 도움 되는 지침이다.

• 주거 지역 정하기
어디서 살고 싶은가? 도심이나 농촌, 국내나 해외 등 여러 가능성을 두고 어디에 보금자리를 마련할 수 있을지 고민해 본다.

• 조사하기
주거 공동체의 종류와 특징을 알아본다.

• 임시로 살아보기
주거 공동체들이 운영하는 숙박 프로그램이나 행사에 참여한다. 어떤 곳인지 파악하는 데 도움이 된다.

• 계획하기
알맞은 주거 공동체를 찾는 데는 다소 시간이 걸린다. 초조해하지 말고 천천히 선택한다.

공동체의식 나누기

🕐 2일
✓ ★★

마음에 드는 공동체를 선택했다면 꼭 참고하자. 모두가 공동체 생활을 잘할 수 있는 건 아니다. 정기적인 공동체 교육 프로그램을 만들어 진행한다. 함께 성찰하기에 적당한 주기로 약속을 정한다. (1주나 1개월에 한 번, 모두가 참여해야 한다는 점이 중요)

❶ 일상에 대한 감상을 나누면서 모임을 시작한다.

❷ 마음속에 있는 말을 할 차례다. 다른 이에게서만 잘못을 찾지 말고 자기 자신을 돌아본다. 함께 해결책을 찾아보고 필요하다면 규칙을 정한다.

❸ 서로 칭찬을 주고받으며 모임을 마친다. 새롭게 발견한 다른 사람의 장점을 생각해 본다. 공동체의식이 깊어지는 긍정적 효과가 있는 시간이다.

생태적으로 보수하기

🕐 1일
✓ ★★

새로운 보금자리에서 더 건강한 삶을 위해 알레르기나 각종 유해 요소를 피하는 방법을 알아본다.

· 단열재
대부분 단열재는 화학약품 처리 과정에서 엄청난 에너지를 쓴다. 되도록 펄라이트나 진흙 같은 친환경 소재를 사용한다.

· 벽지
천연재료(황토·백회·석고)를 쓰면 폐기할 때도 부담이 없다.

· 페인트
자연 소재 페인트나 규토 같은 광물성 페인트를 사용한다.

· 바닥재
천연 라텍스나 직물로 만든 카펫을 사용한다. 코르크나 나무 재질 러그는 왁스나 기름으로 관리한다.

이웃
낯선 이와 연대하기

우리는 함부르크의 랑엔호른Langen-horn 구역에 산다. 우리가 사는 협동조합 주택(프리츠 슈마허) 단지는 100년 전 프리츠 슈마허Fritz Schumacher라는 시청 건설과 과장이 설계하고 지은 건물로, 그동안 많은 역사가 쌓여왔다.

프리츠 슈마허 단지가 남다른 주거지로 오래 존립해 온 이유는 이웃 간의 응집력 덕분이다. 이곳 사람들은 서로 친근하게 이름을 부르며 인사하고 길 가다 만나면 이야기를 나눈다. 매사에 서로 돕고 물건을 빌려주고 함께 어린이 축제나 지역 예술가의 전시도 연다.

지금도 우리는 이곳에서 공동체 정서를 느낀다. 어쩌다 과일을 많이 사면 나눠 먹고, 힘쓰는 일도 분담한다. 요즘 세상에서는 당연하지 않은 모습이다. 혹 힘든 시기가 오더라도 이곳 사람들은 분명 곁에서 서로 의지할 거라 믿는다. 이런 곳에 살고 있다니 우리는 참 운이 좋다.

지구적으로 사고하고 지역적으로 행동하기

물론 물리적 거리가 가깝다고 다 좋은 이웃이 되는 건 아니다. 아파트든 주택이든 집집마다 사람이 있지만 서로 잘 모르고 살지 않는가. 저녁에 거리를 걷다 보면 창문으로 깜빡거리는 티브이 화면이 보인다. 바깥에 진짜 현실이 펼쳐져 있는데도 사람들은 집 안에서 화면만 쳐다보며 산다.

생각해 보면 이상한 일이다. 벽을 사이에 두고 우리는 이웃과 불과 몇 미터 떨어져 있는데 그 사람이 누구인지, 어떤 관심사를 공유하는지, 외롭거나 슬프지는 않은지 알지 못한다. 개인화가 절정에 달한 지금, 이웃이란 어떤 존재일까? 오늘날은 이웃 간 의존성이 존재하지 않는 것처럼 보이고 그만큼 연결성도 없는 듯하다.

우리는 '지구적으로 사고하고 지역적으로 행동하라'는 메시지를 담은 **글로컬리즘**glocalism이 요즘 꼭 필요한 사상이라고 생각한다. 사회적으로나 환경적으로 지금 우리가 처한 문제를 해결하려면 개개인이 삶의 터전을 바꾸는 과정이 필요한데, 글로컬리즘이 방향을 제시해 주기 때문이다. 글로컬리즘이 어떻게 현실에 적용되는지 궁금하다면, 한 사례로 **전환 마을**Transition Town을 주목해 보자. (한국에서도 서울·춘천·광주·부산 등지에서 전환마을 만들기 프로젝트가 진행 중이다. 전환마을네트워크 facebook.com/koreatransitionnetwork옮긴이)

전환 마을은 영국에 사는 연구자 롭 홉킨스Rob Hobkins가 고안해 낸 대안이다. 그는 화석연료가 고갈된 세상이 어떤 모습일지 연구하면서, 삶의 방식을 바꾸려는 노력과 실천을 더는 미루면 안 된다는 경각심이 들었다고 한다. 그러다 2006년 자신의 고향인 토트네스Totnes에서 주민들과 함께 지속 가능한 마을 모델인 전환 마을 프로젝트를 시작했다.

토트네스 전환 마을은 화석연료에 의존하는 기존의 산업화 모델에서 벗어나기를 목표로 삼았다. 이를 위해 활동가들은 마을의 자립 능력을 높이고 지역 경제를 활성화하는 전략을 택했다. 주민들이 양봉이나 농사 기술을 배워 필요한 먹을거리를 직접 생산해 지역 내에서 평등하게 분배한다는 계획이었다. 이 마을의 실험 성과가 널리 알려지면서 전환 마을은 대안 사회 운동의 한 모델로 자리 잡았고, 전 세계에 수백 곳이 생겨났다.

한편, 변화하는 데 꼭 마을 하나가 통째로 필요한 건 아니다. 그보다 규모가 작은 활동으로도 지역에 의미 있는 변화를 가져올 수 있다. 동네에서 벼룩시장을 열거나 물건 나눔 상자를 설치하고, 주민 토론회를 열어도 좋다.

공동체 주택 단지에 사는 우리에겐 이런 활동이 친숙하다. 원래 이곳의 목표도 사회적·경제적 교류 시설을 갖춘 소규모 지역사회를 이루는 것이었다. 그래서 각 주택에 딸린 정원은 자급자족에 필요한 작물이나 동물을 기를 정도로 널찍하게 만들어졌다. 모든 거주민이 본격적으로 참여하는 건 아니지만 닭이나 벌, 과일이나 채소를 키우는 이가 많은 편이어서 공동 주택의 처음 계획은 잘 지켜지고 있는 셈이다.

동네는 우리가 만든다

세계적으로 큰 반향을 일으킨 전환 마을 사례를 보면 사람들은 생각보다 지역사회를 바꾸는 데 관심이 많다. 그래서인지 동네가 만들어지는 과정을 '윗분들'에게 다 맡기고 싶어 하진 않는다. 지역에 기반한 자원 활동 프로젝트는 이러한 주민의 관심과 인터넷의 발달에 힘입어 훨씬 늘어나고 있다.

동네마다 주민 협의회가 만들어지고 녹지 개발에 반대하는 시민 모임이 생기는 현상만 봐도 높은 참여도를 알 수 있다. 많은 지역민이 주택 단지 재개발이나 놀이터 리모델링 같은 사업에 목소리를 낸다. 이처럼 지역사회가 자연스럽게 성장하는 모습은 무척 긍정적이다.

오랫동안 도시 활동가로 일해온 닐스 보잉Niels Boeing 은 도시 생활이 즐거워지려면 다양한 사람들이 모여야 하고, 다양성이 생기려면 적정 수준의 주거 공간이 공급되어 저마다 경제력이 다른 이들이 한동네에 살 수 있어야 한다는 이야기를 들려주었다.

"근래 건축 프로젝트들을 보면 오래된 상업지구나 운영이 중단된 역사, 매립지 등 온갖 곳에 새로운 주거 단지를 짓고 있습니다. 유럽 전역에 걸쳐 엇비슷한 프로젝트가 우후죽순으로 진행되면서 도시성에 대한 획일적인 생각이 반영되고 있어요. 하나같이 단지 규모가 크고 건축 양식이 고만고만하며 약속이나 한 듯 값비싸죠. 널찍하지만 삭막해서 나무를 심어도 소용이 없는 광장에는 아이들이 타는 시소 같은 기구만 외롭게 서 있고요. 주거용 건물이 지어질 때 1층에 소매점이나 편의시설이 들어서는 일은 거의 없는데요. 생긴다고 해도 한 블록에 탁아소나 빵집이 겨우 한 곳씩만 있는 경우가 대부분이거나 구역 전체가 상업 시설이 되어버리죠. 지역공동체는 사람들이 이야기를 나누고 구체적인 프로젝트가 생길 때만 형성되거든요. 그러니 사람들이 오갈 구심점이 필요해요. 자신감과 소속감을 느끼게 할 중심 역할이요. 그 역할을 수행해야 지역공동체는 자치를 위한 체계를 갖출 수 있어요."

그는 지역사회의 자치 활동을 공동체의 지속성을 강화하는 현명한 전략으로 보았다. 여러분이 사는 동네는 어떤가? 동네에 이웃들이 모일 수 있는 장소나 활동이 있는지 알아보자. 동네에 다양한 일이 일어나길 바란다면 직접 프로젝트를 추진해 보자.

지역사회를 강화하기 위한 과제는 단계별로 있다. 먼저 뜻이 맞는 사람들과 문제의식을 공유하고 구체적인 행동에 나선다. 거리에 녹지를 마련하거나 미관을 해치는 길모퉁이를 꾸밀 수도 있고, 물물 교환이나 텃밭 가꾸기 모임을 새로 만들어도 좋다.

이때 중요한 것은 참여하는 사람들 의견을 경청하고 화합을 도모하는 일이다. 사람들은 동네에 새로 생긴 조직을 처음에는 잘 받아들이지 않는 경향을 보인다. 특히 정치색을 띠고 있다면 더 그렇다. 따라서 초기에는 다수의 공통 관심사나 현재 문제에 집중하는 것이 좋다. 일단 '우리'라는 공감대가 생기고 나면 프로젝트가 더 성장할 수 있고 더 많은 사람이 모여 활동 규모를 확장할 수도 있다. 모임 장소를 마련할 수 있다면 더욱 좋다.

보통은 친환경 프로젝트를 할 때 사람들의 참여를 이끌어내기 쉬운 편이다. 한 예로 공동체 텃밭 사업이 진행되는 곳에는 대개 다양한 기술과 경험을 지닌 사람들이 찾아와 편견 없이 서로를 알아간다. 그러다 보면 바로 다음 단계로 넘어가기도 한다. 식량 문제나 도시 계획 같은 지역 현안을 이야기하는 모임 등 다양한 연결 고리로 이어지는 것이다.

뿌린 대로 거두기

자연을 자주 관찰하는 사람이라면 알 것이다. 식물이 싹을 틔워 무럭무럭 자라다 꽃을 피우고 열매를 맺는 동안 어떤 시련을 겪어내는지, 얼마나 끈기 있게 시련을 이겨내는지. 연약하면서도 절대 꺾이지 않는 식물의 힘은 어쩐지 감동적이고 매혹적이다.

공동체 주택 단지에 들어와서 우린 처음으로 땅에 씨앗을 심어보았다. 그때 느낌은 뭐라 말로 표현하기 어렵지만 아주 특별했고, 시간이 지나 열매를 수확하면서는 경이감마저 들었다. 너무 쉽게 일어나는 '기적'이라고도 느꼈는데, 우리가 직접 일으킨 기적이기에 더욱 그런 기분이 들었다.

뿌린 대로 거둔다. 거둔 것을 먹고, 먹은 것은 곧 우리 몸 일부가 된다. 이 과정은 자연의 섭리이자 우리가 주변 환경에 어떻게 의존하고 있는지를 구체적으로 보여준다. 인간은 이런 경험으로 발전하고 성장한다. 우리도 그랬다. 플라스틱에 싸인 마트 채소와 과일이 어디서 왔는지 모르던 사람에서 과일과 나무 이름을 척척 맞추는 사람이 되었고, 죽은 씨앗을 파는 기업의 상술을 알아보는 눈도 생겼다. 식품 기업은 맛과 영양을 보장한다는 광고를 내보내지만 그들이 만드는 먹을거리는 과연 안전할까?

정원이나 텃밭을 가꾸는 일은 돌봄과 인내하는 마음을 일깨우기도 한다. 명상 수업 없이 식물을 키우는 것만으로도 건강한 태도를 배우게 된다. 자연 심리학 연구자들은 수십 년간 이어온 임상 연구로, 녹지에서 신체 활동을 하면 몸이 건강해지고 자신감이 생겨 마음도 편안해진다는 사실을 밝혀냈다.

이런 장점들은 공동체 텃밭에서 배가된다. 각양각색의 사람들이 모여 흙을 날라 상자 텃밭을 만들고 물뿌리개를 든다. 베를린에 있는 한 다문화 농장에서는 참가자들이 물 절약을 위한 아제르바이잔의 관개법을 배우고, 베트남인 동료 농부에게서 새로운 씨앗을 얻기도 한다. 땅을 공유하는 새로운 경험을 하는 이들도 있다. 공유지로 분류된 공항 부지의 한 공동체 텃밭 단지는 누구나 경작할 수 있는데 담장이나 감시 카메라, 규칙이나 금지사항이 없다. 그런데도 지금껏 농작물을 훼손하거나 훔쳐 가는 사람 없이 잘 유지되어 왔다. 그런가 하면 텃밭 부지에 거주 공간을 운영하는 등 새로운 경영 형태를 시도하고자 유한 책임 회사를 세운 공동체도 있다. 텃밭 프로젝트에 머물지 않고 에너지 분야에서 자립적인 문화 센터로 허가받기 위해 도전 중인 곳도 있고.

우리가 바라는 세상은 분명 무언가를 심을 수 있는 곳일 것이다. 자본주의 경제 원리는 '더 많은 소비'를 전제로 한다. 필요한 물건이 없을 때조차 말이다. 자본주의 체제가 끊임없는 경쟁과 이기주의, 결핍감을 만들어낼 때 텃밭을 일구는 사람은 그와 반대되는 개념을 배우고 실천한다. 수확 철이 오면 밭에 넘쳐 나는 과일과 채소를 친구나 가족, 이웃, 심지어 낯선 이에게도 나눠 준다. 애써서 기른 작물을 조건 없이 나누는 것이다.

흥미롭게도 이러한 활동은 우리에게도 정서적 안정감을 주었다. 무언가를 나누는 행위는 공동체적 연대감으로 이어지기 때문이다. 모든 것이 상품화되는 사회에선 조건 없는 나눔이야말로 더 나은 세상을 만드는 가장 단순하고 직접적인 방법 아닐까?

전환을 위한 **행동**

⏰ 소요 시간   ✅ 난이도

소통 시작하기

⏰ 1주
✅ ★★

나는 이웃을 얼마나 알고 있는가? 서먹서먹한 분위기를 풀어본다.

• 인사 나누기

이웃과 인사를 나누자. 먼저 도움을 약속하며 다가간다. "필요한 거 있으면 연락하세요." "화분에 물 줄 사람 필요하면 말씀하세요." 하고 먼저 손을 내밀어보자.

• 커피 타임 가지기

인사를 나눈 이웃들을 집으로 불러보자. 서로 공통점과 보완점을 찾아본다. 새로운 곳으로 이사했다면 집들이에 초대하자. 새로운 이웃을 사귈 수 있는 좋은 방법이다.

동네 산책하기

⏰ 1시간
✅ ★

주변 지리를 파악하고 이웃과 함께 동네 산책을 즐긴다.

❶ 산책 코스 계획하기

팀을 꾸려서 최대 90분짜리 코스를 준비한다. 지도를 보고 지역의 이야깃거리나 행사에 관해 대화할 수 있는 장소를 최대 열 군데 고른다.

❷ 이야기 소재 찾기

함께 산책할 사람들과 나눌 대화 주제를 미리 준비한다.

❸ 마무리하기

산책 마지막 코스로 동네 카페에 가서 이야기를 나눈다. 대화를 독점하지 말고 친절한 태도로 귀를 기울인다.

동네 가게 이용하기

🕐 3시간
☑ ★★

동네 가게가 거리에서 사라져가는 것을 안타까워하는 사람이 많다. 우리가 할 수 있는 일을 알아본다.

• 동네 가게 지도

지도를 구해 동네 지리를 익히면서 다양한 분야에 종사하는 자영업자가 있는 가게를 표시한다. 같은 주제에 관심을 보이는 이웃들과 지도를 공유한다.

• 장보기 모임

이웃과 함께 동네 가게에서 물건을 사며 소상공인들에게 힘을 보태준다.

영상 만들기

🕐 30분
☑ ★

주민 참여 영상을 기획해 본다. 작업 과정에서 이웃과 소통하며 동네에 대한 자부심을 돋우고 공동체의식을 높인다.

❶ 주제 찾기

어떤 이야기 소재가 좋을까? 뮤직비디오나 인터뷰, 다큐멘터리 형식은 어떤지 생각해 본다.

❷ 출연자 찾기

다양한 지역민, 단체와 함께 영상에 출연한다. 기획과 실행 단계에서 모두가 협동심을 발휘할 수 있도록 진행한다.

❸ 촬영하기

예행연습 후 촬영에 들어간다. 완성된 영상을 여러 플랫폼에 올리고 이를 기념하는 지역 상영회를 연다.

게릴라 가드닝

⏱ 3~6개월
✅ ★★

❶ 집 주변 뜰이나 그루터기가 있는 공터 등 적당한 장소를 물색한다. 식물이 자라면서 근처 이웃에게 불편함이 아니라 즐거움을 줄 수 있는 곳을 택한다.

❷ 화초나 채소 중 어떤 종류를 심을지 정한다. 식물이 너무 강한 햇빛이나 바람에 노출되지는 않을지 장소를 꼼꼼히 살핀다.

❸ 식물 심는 날을 정해 이웃을 초대하고 인터넷으로 관심 있는 사람을 모집한다. 삽·고무장화·쓰레기봉투·물뿌리개·흙·모종·씨앗을 준비한다.

❹ 정원으로 꾸밀 장소의 쓰레기를 모두 치우고 땅을 갈아준 뒤 식물을 심고 물을 준다. 주변을 잘 정돈하고 활동을 마무리한다.

❺ 더운 날씨에는 물 주기에 신경 쓴다. 주변 이웃들에게 프로젝트를 자세히 설명하고 행인들도 알 수 있도록 게릴라 가드닝을 소개하는 안내판이나 현수막을 세워둔다.

씨앗 폭탄 만들기

⏱ 30분
✅ ★

인도 사람들은 예전부터 씨앗 폭탄을 써왔다. 일본의 어느 쌀 재배 농부도 씨앗 폭탄으로 농사를 지었다. 뉴욕에서는 1970년대부터 애용해 온 방법이다. 이웃과 함께 직접 만들어보자.

❶ 진흙, 흙, 씨앗, 물을 5:3:1:5의 비율로 걸쭉하게 섞어 호두만 한 크기의 공 모양으로 뭉친다.

❷ 하루나 이틀 정도 말린 다음 생기 있게 가꾸고 싶은 땅에 던진다. 따로 묻는 작업은 안 해도 된다.

동물

12

다른 생명과 평화롭게 공존하기

어느 날 우리는 컴퓨터 앞에 앉아 한참 동안 동물 보호소 웹사이트를 들여다보고 있었다. 입양되기를 기다리는 동물들 사진과 설명이 나열된 목록이 길게 이어졌다. 데려오고 싶은 개들은 많았지만 모두를 입양하기엔 공간이 부족했다.

고민 끝에 우리는 털이 복슬복슬한 암컷 개와 함께하기로 했다. 갈색과 회색이 섞인 털을 가진 여덟 살짜리 잡종 개였다. 우리는 이왕이면 나이가 많아 입양되기 힘든 친구를 선택해 듬뿍 사랑을 주고, 개가 편안한 노년을 보낼 수 있도록 돕고 싶었다.

지금도 우리 곁에 있는 나이 든 개의 이름은 '벨라'. 이제 열네 살인데 귀가 잘 안 들린다. 눈도 잘 보이지 않지만 여전히 매일 아침을 기쁘게 맞이하고 꼬리를 흔들며 돌아다닌다. 우리는 벨라가 아프면 걱정하고, 행복해하면 함께 웃으며 언젠가 우리 곁을 떠날 때를 두려워한다.

생명을 존중하는 삶에 관하여

사람과 동물의 만남에는 뭔가 특별한 점이 있다. 반려동물과 함께 살아본 사람이라면 동물이 주는 가르침을 알 것이다. 이른바 조건 없는 사랑. 벨라를 집에 데려온 순간부터 우리는 생명에 대한 책임감을 강하게 느꼈다. 벨라의 진실한 눈을 들여다보며 좀 더 솔직해지기로, 맡은 바 의무를 다하기로 마음먹었다.

무리 동물인 개는 다른 존재들과 계속 상호작용을 해야 한다. 자기 나름의 욕구가 있어 원하는 것을 끈질기게 요구하기도 한다. 모든 동물은 고유한 개성을 가졌다(같은 종의 무리에 섞여 있을 때조차도 그렇다). 개미굴 속 분주한 일개미, 무리 지어 하늘을 나는 새, 깊은 바닷속 물고기까지 하나하나가 개별적인 존재다. 하지만 어떤 동물과 개인적인 관계를 맺지 않으면 이런 인식은 금방 사라져 버린다. 문제를 자세히 들여다보지 않거나, 쓸데없다고 여기거나 두려워하는 사이 동물은 개별 존재에서 물건이 되고 인간의 필요와 흥미에 종속되고 만다.

1990년 이래로 독일 헌법상 동물은 더 이상 물건이 아닌 제3의 존재로 인정받았지만, 제대로 된 법적 지위를 가지진 못했다(법으로 제대로 보호받지 못한다는 뜻이다). 그 탓에 동물을 너무 작은 철창에 가두거나, 고립된 상태로 오래 방치하거나 질 낮은 먹이를 주는 행위는 엄연히 폭력이지만 가해자는 처벌받지 않는다.

동물보호단체 '페타PETA'는 '사회적 동물의 경우 여러 마리를 함께 기를 것' '견주 자격 제도를 운용할 것' '잔인한 방식의 번식을 금지할 것' '일반 가정에서 야생동물을 키울 수 없게 할 것' 등을 중심 내용으로 하는 반려동물

보호법 제정을 주장해 왔다. 법을 개정해서 (전문적으로 번식시키는 업자나 판매점이 아닌) 동물 보호소와 임시 보호 가정에 있는 동물을 우선 입양하도록 유기 동물 문제를 풀어야 한다는 의견도 강조한다. 새로운 집을 간절히 기다리는 동물들이 있는데 왜 번식을 통해 개체 수를 늘리냐는 목소리다. 영리 목적으로 동물을 사육하는 곳에서는 동물들이 직간접적인 희생양이 된다.

친구인가, 적인가, 먹을거리인가

동물을 둘러싼 모든 것들이 인간 손에 달린 시대에서 주사위는 이미 오래전에 던져진 것 같다. 동물들은 거대한 착취 시스템의 일부가 되어 그 안에서 끝없이 번식당하고 다양한 방식으로 착취되었다. 이 문제에 이미 무뎌져서일까. 사람들은 문제를 자세히 들여다보지 않으려 하고 급기야 수십억 동물들이 죽는다고 해도 꿈쩍도 하지 않게 되었다. 특히나 소비하는 순간에 말이다.

인간에게 동물은 외투 모자에 달리거나 이불에 들어가는 털로, 정육 판매대에 놓인 고기로, 화장품 실험 대상으로, 값싼 우유의 공급처로 존재한다. 소독제가 잔뜩 들어간 놀이공원 풀장에서 헤엄치는 돌고래, 체험 농장에서 관광객을 태우고 끝없이 달리는 조랑말은 또 어떤가.

우리 곁의 동물들이 각자 역할에 만족하며 사는 것처럼 보여도, 사실 서식지인 자연에서 쫓겨나 노예로 속박당한 상황에 처해 있다. 힘을 빼앗기고 무시당하며 대부분 정신적으로 병든 상태로 지낸다. 그런데도 사람들은 이상하게 여기지 않는다.

여기서 한 걸음 더 들어가 보자. 사람들은 동물들의 복잡한 생태계를 깊이 이해하지 않은 채로 그들이 사는 열대우림을 베어내고 산업화를 진행하고 물을 오염시켰다. 그 때문에 해마다 1만 1천~5만 8천 종의 동물들이 멸종되고 있다.

이 같은 수치는 사라지는 동물들을 잘 알고 있어야만 가슴에 와닿는다. 하지만 아프리카 사자나 황금고양이, 뉴질랜드 바다사자의 사정을 인지하는 사람이 몇이나 될까. 동물에 대한 호불호는 각자의 경험에 달려 있을 뿐 아니라 전반적인 문화의 영향을 받는다. 우리의 적인지, 친구인지, 먹을거리인지, 입을 거리인지, 구경거리인지 사회에서 동물종이 가진 이미지에 따라 다른 인상을 느끼게 된다.

동물이 없는 지구를 잠시 상상해 본다. 당장 벌이 사라진 광경만 떠올려 봐도 웬만한 상식이 있다면 오싹한 기분이 들 것이다. 생태계에는 꼭 벌이 필요하고 우리는 생태계가 필요하다(벌은 80퍼센트에 가까운 식용 작물과 야생 식물의 수분을 돕는다). 우리가 얻는 이익을 고려하지 않더라도 문제는 사라지지 않는다. 모든 동물이 멸종된 세상이 과연 살기 좋은 세상일까?

이 주제를 조사해 보니 거의 모든 자료에서 비극적인 현실이 드러났다. 인간이 다른 생명체를 무시한다는 증거가 넘쳐났다. 두려운 풍경은 일상적으로 펼쳐져 있었고, 더 끔찍한 사실은 그 풍경에도 일관된 논리와 체계가 존재한다는 점이었다. 동물과 평화롭게 공존하기 위한 해결책을 찾기도 전에 우리는 자료를 소화하느라 자주 잠을 설쳤다. 괴로운 마음에 다음 주제로 넘어가고 싶을 때면 반려견 벨라를 바라보며 되새겼다. 숫자 너머에 생명이 존재한다는 것을.

반려동물뿐만 아니라 컨베이어벨트에서 갈려 나가는 수평아리·돼지·암탉·젖소부터 멸종위기인 호랑이까지 모든 생명은 '고통 없이' 살고 싶어 하며, 무엇보다 그저 '살기'를 원한다. 문득 일평생 인간을 위해 살았던 동물들이 트럭에 실려 가는 모습도 떠오른다. 동물의 고통을 끝내는 것이 인간의 역할이라고, 더 이상 무관심 뒤에 숨지 말라고 이야기하는 듯하다.

동물 복지 단체 '네 개의 발Vier Pfoten'에 따르면, 운송할 때 소에게는 법적으로 1.6제곱미터 공간이 주어져야 하는데, 축산업자들은 효율성을 이유로 법이 정한 최저치를 어긴다(100건 중 1건만 심사한다). 1.6제곱미터는 공중전화 부스처럼 비좁은 면적인데 소들은 여기 갇혀 29시간 동안 어디론가 실려 간다.

하루에만 2,438대의 트럭이 수많은 생명을 싣고 전국을 달리고 있다. 이 책을 쓰는 6개월 동안 6억 4800만 마리의 동물들이 그렇게 돌아올 수 없는 곳으로 떠났다. 여러분도 한번 체험해 보기를 권한다. 공중전화 부스 안에서 30시간 가까이 서 있는 일. 중간에 피곤해서 드러눕고 싶어도 자리가 없다.

동물 이야기는 대개 감정적으로 흘러가기 쉽고 도덕적 논쟁을 일으킨다. 실제로 다양한 이해관계자가 서로 적대시하며 싸우고 있다. 한편에는 동물의 고통을 인지하고 행동을 바꾸는 이들이, 반대편에는 동물로 이익을 얻는 이들이 있다. 동물을 제품으로 만들어 광고하고 판매하는 데 관련된 산업은 생각보다 더 거대하다. 이 업계는 동물의 온갖 부위를 무상으로 얻어 내지만 이윤은 독점한다. 소비자에게 소시지와 통닭구이, 털목도리를 소비하라고 강요하면서 말이다.

고기 소비량이 줄어드는 반면 도살되는 가축과 고기 수출량은 늘고 있는 독일, 사람보다 동물이 더 많이 살고 있는 유럽 국가들. 이렇듯 모순되는 상황은 지금도 받아들이기 어렵다.

이야기는 어떻게 이어질까?

고도화된 농·축산업이 일으킨 생물의 멸종과 고통이라는 거대한 문제. 해결책은 우리에게서 시작된다. 우리가 현대적인 삶에 맞지 않는다고 화학물질과 기술을 써가며 동물들을 서식지 밖으로 쫓아내는 지점에서 다시 생각해야 한다. 미래가 어떻게 될지는 바로 우리가 내리는 결정에 달려 있다.

그나마 조건 없이 동물들과 평화롭게 살아가는 사람들이 있어서 위안이 된다. '삶의 농장Lebenshof'으로 불리는 곳에서는 동물로 수익을 내지 않는다 (한국에서는 '생추어리'로 불리며 하나둘 생기는 추세다-옮긴이). 이 농장의 목표는 모든 동물이 저마다 편안한 삶을 사는 것이다. 삶의 농장을 운영하는 작가이자 저널리스트 힐랄 제진Hilal Sezgin은 사람들이 지구를 다른 존재와 공유하고 있다고 깨달을 때가 바로 동물과의 평화로운 공존을 모색하는 시작점이라고 말한다.

"멧돼지가 도시로 들어오면 사람들은 분노합니다. 도시가 사람의 터전이라고 생각해서죠. 이런 사고를 바꿔야 해요. 오로지 인간에게만 종속된 땅은 없으니까요. 도시를 설계할 때 동물을 고려해야 해요. 지금까진 종이에 선을 긋듯 '여긴 우리 땅이야!'라고 주장해 온 셈이거든요. 동물과의 공존을 염두에 둔, 완전히 새로운 방식을 꺼내야 합니다. 그게 실현된다고 모든 사람이 삶의 농장에서처럼 동물을 가까이하며 살려고 하진 않겠지만 사람 사

자연 속 보금자리

화초

생태계의 시작점인 식물은 곤충 같은 생명체가 꿀을 먹는 과정을 통해 번식한다. 재래종 식물이 외래종 식물보다 동물에게 영양가가 높다. 식용 이파리는 나비 유충에게 꼭 필요하다.

덤불

열매를 맺는 덤불은 동물들의 이상적인 먹이 원천이자 은신과 번식을 할 수 있는 장소다. 가시덤불은 새들의 둥지를 천적에게서 보호해 준다.

개구리 서식지

연못처럼 고인 물에는 개구리들이 곧잘 서식한다. 개구리는 위험을 감지하면 물속으로 잠수하기 때문에 수련처럼 잎이 촘촘히 달린 식물을 선호한다. 또한 먹이가 되는 곤충과 물가 자리를 좋아한다.

연못

물고기는 수심이 최소 1미터 되는, 널찍하고 식물이 잘 자라는 연못이 필요하다. 작은 물고기들은 연못에 날아든 곤충이나 곤충 알을 먹으므로 따로 먹이를 주지 않아도 된다.

울타리

새들은 야생에 방치된 울타리나 건물 벽면의 담쟁이덩굴에 둥지를 틀기 좋아한다. (개똥지빠귀·노랑지빠귀·검은지빠귀는 우거진 덤불을, 박새·동고비·찌르레기·참새는 오래된 나무나 새집을 선호한다.)

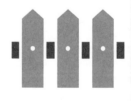

풀밭

야생 풀밭에는 곤충이 많아 새가 살기 좋은 환경이다. 꿀벌과 야생벌은 다년생 어버이풀, 지구엉겅퀴, 황소눈 같은 꽃이 있는 곳을 좋아한다.

돌벽

돌벽은 곤충과 도마뱀, 거미에게 안성맞춤이다. 이들에게는 말끔하게 발리지 않은 표면이 더 좋다. 마른 상태의 돌벽을 선호한다.

물

새들에게는 마실 물과 목욕물이 늘 필요하다. 오래된 거라도 괜찮으니 접시나 화분 받침에 물을 담아 준다. 물그릇은 곤충이나 작은 포유동물에게 물을 줄 때도 유용하다.

돌무더기

구석진 곳에 돌무더기를 마련하면 고슴도치와 두꺼비, 도롱뇽의 안식처가 된다. 동물들이 돌 더미 위에서 햇볕을 쬐거나 밑에 숨을 수 있도록 안정적으로 돌을 쌓아 올린다.

곤충 호텔

곤충들이 새끼를 돌보거나 휴식할 때 필요한 곳이다. 마른 상태의 자연 재료를 활용해 만들 수 있다.

벌집 상자

벌 군락 하나에서 1년에 20~30킬로그램의 꿀이 나온다. 벌집 상자 하나면 수많은 벌에게 주거지를 제공하는 셈이다.

동물

이에 좀 더 공정한 분배가 필요하듯 동물과의 관계도 마찬가지 아닌가요? 모두가 동물을 사랑해야 하는 건 아니지만 적어도 접시에 그들을 올리진 않겠죠. 동물을 착취하는 법을 더는 통과시키지 않을 거고요. 지금처럼 병아리를 기계에 갈아 넣거나 하는 식으로 동물을 이용하진 않을 겁니다."

그렇다고 동물들이 마냥 행복하리라는 보장은 없지만 적어도 동물의 삶을 방해하지는 말아야 한다는 말이다. 힐랄은 때로 세상이 너무 끔찍해서 울고 싶어진다며, 사람들과 이 문제를 이야기하고 싶은데 대부분이 듣기를 원하지 않는다고 말했다.

사람들이 동물에 대한 관념과 태도를 바꾸면 어떻게 될지 상상해 보자. 다수가 휴대폰이나 자가용에 대한 관심을 동물에게도 보내준다면 세상은 어떻게 변화할까? 지금 이 순간에도 트럭에 실려 알 수 없는 미래로 향하고 있는 동물에게로 말이다. 채식주의자나 비건이 아니라도 충분히 상상할 수 있다. **동물 기념관**Animal Memorial 이라는 웹사이트(animalmemorial.org)에는 차에 실려 가 도살장에서 죽음을 맞은 동물들 사진이 있다. 이 사진들을 보면 오늘날의 잔인한 축산 방식에서 나온 제품들을 모두 거부하고 싶어진다.

야생동물이든, 반려동물이든, 농장 동물이든, 우리와 함께 사는 동물에게 진정한 관심을 주는 일은 지금 바로 할 수 있다. 집 정원이나 주변 풀밭을 가꿔 작은 동물이 자리 잡을 수 있는 공간을 마련하거나(이때 자연 상태로 자라고 있는 것들은 손대지 말고, 화학제품과 외래종 식물은 피한다), 새집이나 곤충 호텔을 만들 수도 있다. 동네를 고슴도치나 다람쥐 같은 여러 생명체가 찾아오는 동물 친화적인 곳으로 가꾸는 과정이다.

동물 보호 단체에서 활동하는 것도 좋다. 지역 문제를 알리는 소셜네트워크 그룹을 만들거나 여러 창구로 사람들과 의견을 나누는 데서 시작해 넓은 범위로 영향력을 발휘해 보자. 자가용과 대중교통 중 어느 쪽을 이용할 것인지 이동 수단에 대한 고민도 필요하다. 교통 체계에 따라 동물들에게 주어지는 공간이 달라지기 때문이다.

A C T I O N

전환을 위한 **행동**

⏰ 소요 시간 ✅ 난이도

동물에게 자리 내주기

⏰ 1시간
✅ ★

❶ 필기구를 챙겨 공원 같은 곳을 방문한다.

❷ 방문한 곳에 사는 새와 곤충 같은 생물을 자세히 관찰한다. 동물의 입장이 되어 생각해 본다.

❸ 관찰한 생물에 대해 기록한다. 외양과 색깔은 어떤지, 무슨 촉감과 냄새가 느껴지는지 써보고 사진을 찍거나 그림을 그려본다.

서식지 만들기

⏰ 3일
✅ ★★

집 정원이나 주변에 동물들이 살 수 있는 공간을 만든다.

·고슴도치 오두막

40x30x30(가로×세로×높이)센티미터 크기의 나무 상자를 구해 10x10(가로×세로)센티미터 문을 만들어주고 내부는 덤불로 채운다. 흙이나 잎, 잔디 등으로 상자를 잘 덮어준다.

·곤충 호텔

지푸라기·대나무·나뭇가지·구멍 뚫린 나무토막 등 여러 가지 재료로 곤충 호텔을 만든다.

·나비 휴식처

햇볕이 잘 드는 구석에 나무토막을 쌓아 놓는다. 나비는 나무에 앉기 좋아한다. 잘 보이는 곳에 작은 물그릇도 놓아둔다.

벌 보호하기

⏰ 1개월

✅ ★★

생태계에서 핵심적인 역할을 하는 벌들이 사라져 가고 있다. 다음 내용을 참고해 본격적인 보호 활동에 나서보자.

❶ 1주 차 : 영화 보기

친구나 가족과 함께 전 세계적으로 벌이 감소하는 원인을 다룬 영화 <More Than Honey>를 보고 감상을 나눈다.

❷ 2주 차 : 장보기

유기농 제품을 사용한다면 이미 벌을 보호하는 일을 하는 셈이다. 최근 성장하고 있는 벌 친화 제품 인증 마크도 찾아보자.

❸ 3주 차 : 비건 대체품 쓰기

벌은 많은 제품과 관련되어 있다. 꿀은 물론이고 왁스와 로열젤리도 있다. 대안으로 꿀 대신 식물성 시럽 같은 비건 제품을 택해본다.

❹ 4주 차 : 벌 증식하기

벌에게 많은 영양분을 공급하는 꽃씨를 정원이나 주변 화단에 뿌린다.

✚ 도시에서 양봉하기

양봉은 전혀 어렵지 않다. 도시에는 살충제를 뿌리는 곳이 별로 없어서 의외로 벌이 잘 살아남을 수 있다. 관련 수업을 듣고 실행에 옮겨본다. (어반비즈서울 urbanbeesseoul.com에서 도시 양봉 관련 정보를 얻을 수 있다-편집자).

청원하기

🕐 2시간

☑️ ★

동물을 위한 활동을 제시하는 온라인 청원에 서명해 보사.

❶ 검색하기

온라인 청원 플랫폼에서 지지하고 싶은 청원을 찾는다. (애니청원 hankookilbo.com/Collect/2220에서 동물들의 목소리를 대신해 의견을 내는 청원 코너를 운영한다 - 편집자) 온라인 플랫폼에서는 누구나 청원을 등록할 수 있다. 마음이 가는 주제가 있다면 직접 글을 작성해 보자.

❷ 서명하기

최소 12가지 청원에 연대 의사를 보낸다. 메일로 진행 상황을 받아본다.

❸ 공유하기

참여한 청원을 메일이나 소셜미디어로 다른 사람들과 공유한다.

이동 수단
소유에서 공유로 갈아타기

우리는 자가용 없이 산다. 비용 때문이 아니라 원하지 않아서다. 슈퍼에 갈 땐 자전거 뒤에 수레를 연결한 자전거를 이용하고, 더 먼 거리는 버스나 기차로 움직이거나 친지들 차에 함께 탄다. 반려견 벨라를 입양하러 유기견 보호소에 갔을 때는 차를 빌렸다. 이처럼 자가용 없이도 크게 아쉬운 점 없이 가고 싶은 곳을 자유롭게 다닌다. 대중교통이 잘 발달한 대도시에 살기 때문에 가능한 일이다. 시골이라면 사정이 좀 다르겠지만.

자동차를 소유하는 데 따르는 장점도 많으니, 누군가에게는 우리가 너무 고집스러워 보일지도 모르겠다. 하지만 정말 궁금하다. 세상에 이렇게 많은 자동차가 필요할까? 한번은 대로변에 나가 지나가는 차들을 관찰해 보았다. 교통이 혼잡한 시간에는 끝도 없이 많은 차들이 줄지어 지나갔는데, 대개 한 대에 한 사람씩만 타고 있었다.

현재 독일에는 전국적으로 6400만 대의 자동차가 있고, 그중 4710만 대가 승용차다. 인구 1천 명당 723대의 승용차가 있는 셈이다. 지금부터 우리는 이동 수단 전반을 살펴보면서 이 문제를 진지하게 탐구하려고 한다. 이동 수단은 환경과 사회 문제와도 밀접하게 연관되어 있으며, 우리가 사는 도시의 풍경을 크게 좌지우지한다.

빠르게 더 빠르게, 과연 최선일까

멀찍이서 도시를 바라보면 거대한 도로망이 눈에 띈다. 큰 도로부터 작은 거리와 골목길까지 대부분 자동차가 다닐 수 있게 되어 있다. 지난 수십 년 간 거의 모든 동네와 도시는 이런 식으로 설계되어 왔다. 이동 수단을 도로 점유율이 높은 순으로 줄 세워본다면 아마 자동차가 첫 번째로 자리 잡고, 한참 뒤에 오토바이와 자전거가 나타날 것이다. 우리는 자동차 친화적인 세상을 만들어놓고, 그 세상이 초래하는 불균형을 몸소 겪고 있다.

예전에는 어땠을까? 1929년, 아이들이 거리에서 줄넘기나 공기놀이를 하던 시절에도 사람들은 지금처럼 자주 이동하곤 했다. 생물 물리학자이자 대안 생태 연구자 베른하르트 크니어림Bernhard Knierim은 그의 책 『연료통 안의 식량Essen im Tank』에서 이렇게 묘사한다.

"예전 사람들은 하루 평균 75분 정도 되는 거리를 세 번 걸어서 이동했다. 오늘날, 같은 시간 동안 이동할 수 있는 평균 거리는 10배로 늘어났다. 1920년대에는 4킬로미터, 1970년대에는 25킬로미터, 1980년대에는 30킬로미터 이상이 되었고, 오늘날에는 믿거나 말거나 40킬로미터다."

같은 시간 동안 같은 일을 하면서 훨씬 더 멀리 갈 수 있게 되었다. 그렇지만 과연 바람직한 변화일까? 솔직해져 보자. 정체된 차 안에서 신호가 바뀌기만을 기다리며 고작 몇 미터 나아가는 데 가다 서기를 반복하는 것이 그리 재미있는 일도 아니지 않은가.

2018년 독일에서만 540억 명이 자가용을 이용했고, 28억 명이 기차로, 95억 명이 버스나 트램으로 이동했다(누적 이용자 수 기준). 그해에만 400만 대 이상의 자동차가 신규 등록되었다. 운송 부문의 탄소 배출량은 화석연료로 인한 전체 탄소 배출량 중 두 번째로 많은 23퍼센트를 차지한다. 그래서인지 바이오 연료나 전기를 쓰는 종류의 자동차가 대안으로 나오고 있지만, 안타깝게도 더 큰 문제를 만드는 측면이 있다.

바이오 연료를 사용해도 기후 보호 효과가 크지 않고 오히려 사회적·경제적 비용이 많이 발생하기 때문이다. 바이오 연료로 쓰기 위한 작물을 재배하는 데 상당한 면적의 땅이 필요하다 보니 식량 재배나 동식물 서식지 용도로 쓸 땅은 그만큼 줄어든다. 게다가 바이오 연료 생산 과정에서 천연자원이 착취되고 유전자 조작이나 유기 물질 합성처럼 위험 요소가 있는 기술이 사용된다는 문제가 있다.

전기차도 마찬가지로 지속 가능한 해결책은 아니라고 본다. 일반 자동차를 만들 때처럼 막대한 에너지가 들어가는데, 에너지원을 100퍼센트 재생 가능 에너지로 충당하려면 아직도 갈 길이 멀다. 게다가 석탄이나 원자력 발전소에서 나온 전기를 쓴다면 디젤이나 휘발유 엔진 차량보다 환경친화적이라고 볼 수도 없다. 전 세계 많은 과학자들이 이동 수단 분야에서 기술적인 해결책을 마련하느라 애쓰고 있지만, 우리는 조사를 하면서 과연 기술이 문제의 핵심인지 의구심을 갖게 되었다.

이동 수단

누구를 위한 도로인가

독일 가정의 77퍼센트는 한 대 이상의 차를 소유하고 있다. 젊은 세대는 달라지고 있다지만, 지금도 독일에서 차를 소유하는 것은 자유로운 시민으로서 마땅히 누릴 권리이자 자격처럼 여겨져서 어떤 논리로도 반박하기 어렵다. 하지만 모든 나라의 사정이 이렇다면 거시적으로 볼 때 지구가 그 부담을 감당할 수 없을 거란 점은 분명하다. 자가용 비율이 늘어날수록 생태적·사회적으로 어떤 결과가 나타날지도 쉽게 상상할 수 있다. 이미 많은 도시들이 스모그나 교통 문제를 겪고 있지 않나. 무엇보다 화석연료 같은 천연 자원은 한정되어 있다.

이동 수단의 변화는 도시의 풍경과 체계를 바꾼다는 점에서 사회에 큰 영향을 끼친다. 도로가 확장되면서 골목길이 없어지면 골목에 늘어서 있던 작은 가게들은 사라진다. 대도시에서는 사소한 불편에 불과할지 몰라도 시골에서는 큰 문제가 될 수 있는 일이다. 또 미성년자와 노인, 장애인 혹은 여러 이유로 차를 운전할 수 없는 사람들에게 불이익으로 작용한다.

현재 대다수 산업국가의 이동 수단 체계는 도로와 자동차 중심주의를 그대로 반영하고 있다. 그러다 보니 자가용 이용자의 이동권에 특혜가 부여되는 거나 마찬가지다.

교통 강자가 된 자가용 운전자들은 도시의 공유 공간에서 가장 많은 자리를 차지하고, 교통 약자들은 주변으로 밀려난다. 보행자는 차에 치이지 않으려고 내내 신경을 곤두세운 채로 다녀야 하며, 차량 흐름을 방해하지 않기 위해 구석으로 비켜서야 한다. 쌩쌩 달리는 차들 사이에서 숨을 고르고 잠시 멈춤을 요구할 수도 없다. 오늘날 도시에서 보행자는 극심한 소음과 공해, 정신없는 움직임 속에 방치되어 있다. 목적지로 가능한 한 빨리 이동하기가 최대 목표인 사고방식을 이제 재고할 때가 되었다.

자동차 중심 도시가 시민과 환경에 치명적인 불이익을 준다는 사실을 알면서도 도시 계획은 왜 같은 방향으로 나아갈까? 교통 설계 전문가 카탈린 사리Katalin Saary는 이런 의문을 제기한다. 특히 주거 지역을 자동차 중심으로 설계하는 데 반기를 든다. 카탈린은 자동차를 교통수단보다는 정적인 사물로 규정하는데(하루 대부분의 시간을 한 자리에 가만히 서 있기 때문이다), 평균 1~3톤 무게의 자동차가 70킬로그램밖에 되지 않는 사람 한 명씩만을 위해 존재하는 것 자체가 난센스라고 꼬집는다.

카탈린은 독일에서 '만남의 거리'라고도 불리는 **공유 공간**에 대한 교통 지리학적 개념을 강조하는데, 이 개념은 길 위의 모든 사람이 이동 수단에 따른 구분 없이 동등한 이동권을 가지며, 가장자리로 밀려난 보행자와 자전거 이용자를 위한 여유 공간을 고려해야 한다는 내용을 토대로 한다.

오늘날 정부가 도시를 자동차 친화적으로 운영하는 이유 중 하나는 보행자나 자전거 이용자보다 자가용 이용자가 더 큰 세금 수입원이기 때문인데, 이것이 타당한 논리가 되어선 안 된다. 현재와 같은 체계로 고통받는 사람들이 많다는 점을 깨닫고 우리 머릿속에서부터 변화를 일으켜야 한다. 이동 수단의 혁명을 주장하는 생태 연구자 베른하트의 말을 들어보자.

"자동차 중심의 교통 시스템은 많은 사람을 소외시켜요. 운전을 할 수 없는 미성년자와 노인, 장애인은 대표적으로 소외되는 사람들이죠. 버스가 하루에 두 번밖에 다니지 않는 식으로 대중교통이 제한적인 시골에 사는 사람들은 또 어떻고요. 경제적 불평등도 있습니다. 소득이 높은 사람들은 교외에 단독 주택을 소유하고 매일 자가용으로 도시를 오가죠. 이들이 배출하는 이산화탄소 양은 도시 거주자에 비해 두 배 가까이 높아요. 반면 저소득층 사람들은 도로 가까이 거주하면서 소음과 공해로 건강 문제까지 떠안게 되거든요. 도로와 주차장을 위주로 공간이 설계되면서 사회적 공간이라는 도시의 기능이 상실되고 균형이 망가지기도 해요. 바로 이런 이유로 **3가지 V 원칙**에 따른 혁명이 필요해요. 교통 흐름을 줄이는 구조를 지향한다는 뜻의 **억제**vermeiden, (자전거·대중교통·보행자 중심의) 생태적인 시스템으로 바꾼다는 의미의 **전환**verlargern, 자동차 엔진 효율을 높인다는 내용의 **향상**verbessern 인데요. 다만 기술 향상만으로는 문제 해결이 어려워요. 기술적인 문제가 언제나 기술적인 수단으로 해결되지는 않으니까요."

요약하면 억제·전환·향상이 대안적인 이동 수단 체계의 핵심 가치로 자리 잡아야 한다는 말이다. 우리는 여기에 추가로 '이해'가 선행되어야 한다고 본다. 이동 수단의 미래를 전망하고 제시하는 책들을 살펴보면 새로운 개념이 많이 등장하는데, 막상 들여다보면 기존 원칙을 계속 따르되 더 효율적이고 지속 가능한 방향으로 만들자는 담론이 대부분이고, 정작 교통 약자의 바람은 중요하게 다루지 않는다.

미래지향적 교통수단이나 자율 주행 시스템에도 분명 장점은 있겠지만, 진정한 해결책은 새로운 기술보다는 기존의 수단을 재고하고 교통 혼잡을 줄이는 데 있다. 다시 말해 기술 혁신보다 더 중요한 혁신은 도로를 달리는 자동차의 숫자를 줄이는 것이다. 앞서 말했듯이 혁신은 지역사회를 활성화하고 우리의 일상을 풍요롭게 하는 과정에서 일어나야 한다. 무엇이 더 우리에게 중요한가. 경제 성장인가, 삶의 질인가.

지역사회를 강화하려면 개개인이 해야 할 일도 있다. 먼 거리의 대형 슈퍼로 장 보러 가는 횟수를 줄이고 골목 어귀에 있는 소상공인을 지지하기, 이웃과 자동차 공유하기 등 생태적으로 움직이려고 노력해야 한다. 이동이 불편한 사람들을 위해서 동네마다 작은 상권을 갖추는 대안도 필요하다. 자가용 이용량을 낮추고 자원을 공유해 비용을 절감하는 방법도 좋다.

이런 맥락에서 공유 플랫폼 벨로지틱스Velogistics를 만든 톰 한징Tom Hansing은 공유형 **카고 바이크**cargo bike(짐 운반이 주요 기능인 운송용 자전거-옮긴이) 보급을 좋은 대안으로 보고 있다. 개인적인 용도뿐 아니라 온라인 쇼핑으로 늘어나는 상업 화물 운송에도 활용할 수 있어서다. 사실 단거리 운송 면에서는 카고 바이크가 트럭이나 승용차보다 이점이 많다. 사람의 힘만으로 달리므로 환경에 이롭고, 짐도 충분히 실을 수 있다.

자동차 대신 카고 바이크가 도로에 늘어선 모습을 상상해 보자. 자동차 소음이 확연히 줄어들 거라는 점부터가 큰 장점이다(연방 환경청 조사에 따르면, 독일인의 3분의 2가 생활 소음에 방해받는다고 답했는데, 그중 교통 소음이 가장 큰 비율을 차지한다).

지역사회에서 이 같은 대안적인 이동 수단을 시민들이 직접 구상하고 이용한다면 아이들이 거리에서 뛰노는 풍경을 다시 보게 될지도 모른다. 이러한 '이동 수단의 르네상스 운동'이 널리 퍼져서 도시 전체, 나아가 국가 차원에서 변화가 일어나면 좋겠다. 그렇게 된다면 우리 일상에 끼칠 영향은 말할 필요도 없다.

전환을 위한 **행동**

🐻 소요 시간   ✓ 난이도

이동 수단 점검하기

🐻 4주
✓ ★★

❶ 4주 동안 자신이 이용하는 이동 수단·이용 시간·경로·소요 비용 등을 기록한다.

❷ 작성한 내용을 토대로 이산화탄소 발생량을 계산해 본다. 웹사이트(myclimate.org)를 참고한다.

❸ 앞으로 더욱 친환경적으로 살기 위해선 무엇을 할 수 있는가? 자가용 대신 대중교통이나 자전거를 이용하는 등 일정 기간 동안 대안을 시도해 보고 효과를 관찰한다.

자동차 없이 살기

🐻 4주
✓ ★★

한 달 동안 자가용 이용을 줄여보고, 이산화탄소가 얼마나 감소하는지 계산한다.

• **도보** : 가까운 거리는 걸어 다닌다. 하루에 1만 보를 걸으면 운동 효과도 있다.

• **자전거** : 출퇴근 혹은 장 볼 때 이용한다. 5킬로미터 정도는 자전거로 이동하는 편이 가장 빠르다. (참고로 전기 자전거의 경우, 늘 친환경적이지는 않다.)

• **대중교통** : 트램·버스·지하철에 사람이 많이 타고 있다면 텅 빈 자동차에 비해 더 친환경적이다. 버스의 평균 42퍼센트가 빈 좌석 없이 달리는 반면, 승용차에는 평균 1.5명만 탑승한다.

✚ 가격·효율성 비교
독일교통협회 조사에 따르면 승용차는 버스, 기차, 자전거에 비해 오래 걸리고 소요 비용도 더 많이 든다. 단거리일 땐 자전거가 두 배 더 빠르고 비용은 승용차의 10퍼센트 수준이다. 장거리 이동 시에는 기차가 빠르고 친환경적이며 대체로 더 저렴하다.

자동차 함께 타기 (카풀 공동체)

⏰ 1주
☑ ★★

카풀은 기후 보호에 동참하는 활동이자 자동차 유지비를 절약하고, 사회적 관계 속 즐거움을 누리면서 운전 스트레스도 줄이는 방법이다. 출퇴근이나 자녀의 등하교, 장보기에 활용할 카풀 모임을 만든다.

카고 바이크 만들기

⏰ 2주
☑ ★★★

❶ 어떤 용도로 쓸지 정한 다음 인터넷에서 자료를 찾아보거나 관련 모임을 알아본다.

❷ 인터넷에서 만드는 방법을 검색해서 자신에게 맞는 모델을 골라 필요한 도구와 재료를 갖춘다.

❸ 제작하려면 용접기나 대형 드릴처럼 무거운 장비도 필요하다. 장비가 없다면 근처 공유 작업장을 찾는다.

정치

관점 바꾸기

여러분은 '바보idiot'라는 단어가 그리스어 '이디오테스idiotes'에서 왔다는 사실을 아는가? 고대 그리스 도시 국가 폴리스polis에서 정치적 문제에 관여하지 않고 오로지 사적인 일에만 신경 쓰는 사람들을 일컫는 말이었다. 기회가 있어도 공적인 일에는 전혀 나서지 않는 이들 말이다. 이디오테스의 반대말은 '폴리테스polites'로 정치적인 논쟁에 활발히 나서는 사람을 가리킨다.

그런데 흥미롭게도 오늘날은 어원과 사뭇 다른 인식이 사회에 깔려 있는 듯하다. 정치적인 활동을 하거나 정계에 입문하는 사람을 오히려 정신 나간 바보라 여기기도 하니 말이다. 갈수록 사람들이 정치나 정치인을 신뢰하지 않는 것도 이런 인식을 거들고 있다.

흔히 사람들은 '정치인'이라고 하면 뒤에서 교묘하게 동료 뒤통수를 치거나, 의회에서 권력 다툼을 벌이는 출세 지향적인 인물을 떠올린다. 시민을 위해 올바른 해법을 찾으려고 애쓰는 헌신적인 모습을 상상하는 경우는 극히 드물다. 2014년 한 소비자 연구공동체의 조사에 따르면, 독일 인구 중 15

퍼센트만이 정치인을 믿을 만한 대상으로 여겼다.

사실 우리는 '정치'라는 말에도 비슷한 반응을 보인다. 자신과 정치를 연관 지어 생각하는 이도 별로 없고, 투표로 세상을 바꿀 수 있다고 믿는 이도 점점 줄어들고 있다. 이를 반영하듯 1972년 평균 92퍼센트였던 독일의 투표율은 2013년에 약 70퍼센트로 떨어졌다.

우리는 모두 폴리테스다

오늘날 평범한 개인에게 정치적 영향력이 별로 없다는 관점에서 보면, 도시 국가 폴리스 시민들의 의무였던 '자신이 가진 미덕과 기술을 공동체에 바치는 일'은 상당히 어리석어 보인다. 요즘 사람들은 좀 더 분명한 실체, 그러니까 사회에 확실한 영향을 끼치는 움직임에 집중하기를 선호하는 듯하다. 유기농이나 공정무역 제품을 사고 쓰레기를 제대로 분리배출하는 행동이 더 그럴듯해 보인다.

다만 이 같은 일만으로는 충분하지 않다. 이러한 '전략적인 소비 행동'으로는 시스템 안에서의 변화만 일으킬 수 있기 때문이다. 게임의 규칙, 즉 시스템 자체를 바꾸기 위해서는 정치적인 힘이 필요한데, 그 힘은 법과 제도의 변화에서 나온다. 제도 개혁이 이루어지면 공공재와 자연 보호를 중심에 두는 새로운 경제 질서를 확립하는 일도 가능해진다.

위키피디아에서 '정치'를 검색하면 "개인이나 공공 영역의 요구와 목표를 구성하고 실행하는 것 또는 그 과정에 영향을 주는 활동"이라는 설명이 나온다. 대중적인 정의에 따르면 우리는 모두 작은 정치인들이다. 자기 의지대로 살고자 매일 타인을 설득하며 공동체에서 다수의 동의를 얻으려고 행동한다. 달리 말하면 매일 자신의 세계를 바꾸고 있다고도 할 수 있다. 평소 의식하지 못하더라도 우리의 행동은 현재 사회에서 벌어지는 정치라는 현상에 어떤 식으로든 영향을 끼치고 있다.

정치는 머리에서 시작된다

우리는 사회가 점점 더 양극화되고 이해관계의 충돌도 갈수록 첨예해지는 시대를 살고 있다. 부와 권력은 멀어지고, 평범한 우리는 각자 다른 정도의 지위 상실·불평등·결핍·파괴·전쟁·폭력·배제를 경험한다. 종속과 경쟁, 강자 독식의 원리가 침투하지 않은 사회 영역은 거의 없어 보인다.

이상적인 정치상으로는 크게 두 가지 개념이 있다. 하나는 인지 연구자 엘리자베스 웨흘링Elisabeth Wehling과 조지 레이코프George Lakoff가 '엄격한 아버지'라고 명명한 개념이다. 강하고 권위적인 지도자들이 무리를 보호해 준다는 가정하에, 인간은 기본적으로 약하기 때문에 치열한 경쟁이 필요하며 보상과 처벌을 통해 올바른 방향으로 인도되어야 한다는 내용을 담고 있다.

반면 '자상한 부모' 개념은 성선설을 바탕으로, 인간은 공감을 통해 사회적 책임을 지는 존재이므로 모두 평등하고 누구도 남을 해쳐서는 안 된다고 본다. 이 관점에서는 모든 의견이 존중받을 가치가 있고 처벌보다 관용과 이해를 선행하며, 의견 일치가 이상적인 목표다.

지금 대부분의 조직과 기관에는 엄격한 아버지 이념이 위계적으로 반영되어 있다. 그 결과 정부뿐 아니라 기업, 정당, 교육기관, 가정, 심지어 우리 머릿속까지 경쟁 원리가 자리 잡게 되었다. 단체·협회·싱크탱크·매체 사이의 거대한 연결망을 들여다볼수록 그런 경쟁적인 시스템이 문제라는 점은 명확해진다. 시스템에 깔린 문화와 사고방식의 문제도 만만치 않다.

그런데 이 모든 시스템은 누가 만들었을까? 바로 우리 머리에서 시작되었다. 우리가 바로 문제의 열쇠이자 변화의 원동력인 셈이다. 우리가 보고 듣는 것은 전부 대상을 특정 방식으로 인지하도록 학습된 결과다. 각자의 세계관은 뇌에 저장된 감정과 이미지, 냄새를 포함해 한 사람이 경험한 일의 총합이다.

이렇게 만들어진 해석의 틀이 특정 논제나 사실을 인지하는 방식을 결정한다. 강경하게 나아갈지, 공감하고 이해할지 등의 반응도 결정한다. 그 외 많은 것은 그냥 튕겨 나간다. 그런데도 우리는 누구도 현실을 완전하게 인지하지는 못한다는 사실을 간과하곤 한다. 좋은 매체와 나쁜 매체, 진실과 거짓, 친구와 적을 구별하면서 우리 자신을 익숙한 메커니즘에 종속시킨다. 누군가는 옹호하고 누군가는 공격하는 구조 속에서 같은 편에 가능한 한 많은 사람을 두려 하고 반대편은 최대한 배제한다. 늘 문제의 원인을 바깥에서 찾는다. 바깥 세계를 불신하는 일이 자신의 인식을 의심하는 것보다 훨씬 쉬우니까.

엘리자베스는 이런 문제를 극복하기 위한 방법으로 이렇게 조언한다. "자기 생각을 들여다보고 사용하는 언어에 주의를 기울여야 하며, 언어를 확산하는 매체를 비판적으로 보아야 한다"고.

그의 조언은 우리가 이디오테스가 아닌 폴리테스로 살기 위한 첫 번째 단계라고 할 수 있다. 대중매체는 우리가 진흙탕 같은 정당 정치에 매몰되어 살 것인지, 더 넓은 시야를 가질 것인지에 영향을 미치기 때문이다. 매체를 절대적으로 신뢰해서는 안 된다. 매체는 사회에 존재하는 보편적 아이디어 일부를 반영할 뿐, 그들이 묘사하는 정치도 목표를 달성하는 방법 중 하나인 셈이기 때문이다.

두 번째 단계는 돌봄과 통제 사이에서 균형 맞추기다. 두 가지가 고루 갖춰져야 평안한 사회에 기여하는 장기적인 정치적 해법을 만들 수 있다. "모든 사회 시스템은 지구의 하위 시스템이라는 점을 잊으면 안 된다"고 강조한 역사학자 비안 쉬들러Fabian Scheidler의 말을 귀담아들어야 한다.

이제 정치에 참여할 때다

자유 무역이나 참전, 탈핵 등 국가 전체에 영향을 미치는 중요한 결정 가운데 너무나 많은 문제가 닫힌 방에서 비공개로 이루어지고, 경제력이 정치 참여의 전제 조건으로 작용한다. 이런 상황에서 여러 이해관계가 동등하게 나타나고 가장 나은 주장이 민주주의적으로 관철되는 모습은 환상에 불과하다.

시민단체 로비콘트롤LobbyControl의 분석에 따르면 이미 주요 협의회는 중요성을 잃었고, 로비 단체·로펌·컨설팅 업체·싱크탱크가 대신 비슷한 일을 하게 되었다. 값비싼 사립 대학들은 거대한 사회적 영향력을 끼치는 곳에서 일할 미래의 '전략가'들을 훈련하고 있다. 로비 활동은 점점 더 정교해지고 과한 비용이 오가는 데다 불투명해져서 경제력이 강한 행위자만 남는다.

이제 로비 업계는 정치인뿐 아니라 언론인과 학자, 심지어 일반 시민인 청년과 아동까지 공략 대상으로 삼는다. 상황이 이렇다 보니 대다수가 정치에 점점 더 무기력감을 느끼는 현상이 놀랍지 않다. 하지만 더 이상 위축되어서는 안 된다. 포기하고 회피하며 남 탓으로 돌리는 것은 정답이 아니다. 정치 권력의 돌봄과 통제 사이 균형을 잡을 포괄적인 해법이 필요하다. 그러려면 개인적 이익을 앞세우거나 경쟁과 지배를 우선하는 정치 대신 새로운 민주주의가 등장해야 한다.

새로운 민주주의는 개개인이 평등한 위치에서 폴리테스로 정치에 참여하며 만들어나갈 수 있다. 이 대목에서 작은 아이디어 하나를 내본다. 만약 이웃 단위까지 정치가 면밀히 뻗어 내려가면 어떨까. 지금 존재하는 의회 체제에 시민이 조직하는 포럼을 더해 상시 주최하고, 지역 단위의 의사 결정 체계도 주민을 비롯해 전문성을 갖춘 지역 협회와 시민 단체로 구성하는 것이다.

생각보다 많은 사람이 현재의 대의민주제에서 직접 민주주의 요소가 보완되기를 바란다. 기득권을 가진 정치인들은 아마 우리가 그들을 귀찮게 하지 않고 이디오테스로 남기를 바라겠지만, 새로운 형태의 민주주의는 우리가 한 발짝 물러나 있는 이상 그저 유토피아로만 존재할 것이다. 정치가 너무 지저분하고 경쟁적이며 개인의 힘을 소진한다고 해서 그저 피해 있는다면 말이다. 돌봄의 가치관을 가진 사람일수록 더더욱 좌절해서는 안 된다. 더 많은 이의 집단지성이 사회를 바꾸는 데 일조해야 한다.

ACTION

전환을 위한 행동

⏰ 소요 시간   ⊘ 난이도

새로운 매체 접하기

⏰ 1주
⊘ ★★

여러분이 선택한 매체는 세계관에 영향을 준다. 가끔은 고정된 자리를 벗어나 다른 매체에서 정보를 얻어본다.

❶ 티브이, 라디오, 인터넷 중 주로 어디서 정보를 얻는가? 일주일 동안 평소와 다른 매체를 이용한다.

❷ 대중매체는 각각 작동 방식이 다르다. 새로운 매체의 언어·어조·이미지 등을 잘 분석해 본다. 무엇이 눈에 띄는지, 어떤 영향을 주는지, 호소력 있거나 감흥 없는 대목은 무엇인지 자문하고 제작자 의도를 파악해 본다. 다양한 매체를 접하는 일은 관점을 넓히는 데 유용하다.

관점 바꾸기

⏰ 1일
⊘ ★★

정치적 관점 바꾸기는 쉽지 않지만 충분히 가치 있는 활동이다. 새로운 관점을 얻어보자.

❶ 한 가지 주제를 정한다. 오랫동안 참여해 온 일이나 한창 뜨겁게 공론화된 이야기 중에서 고른다. 논쟁적인 주제일수록 재미있는 활동이 된다.

❷ 선택한 주제에 대해 어떤 의견인지 물어보고 싶은 사람을 정한다.

❸ 종이를 꺼내 세로로 세 칸을 나눈다. 왼쪽 칸부터 차례대로 자신의 의견, 상대방 의견, 상대방이 그 의견을 쓴 이유를 적는다. 작성한 내용을 토대로 다른 사람의 견해를 깊이 생각해 본다.

행동하기

⏰ 4주
⊘ ★★★

일주일에 한 번씩 정치적 주제를 선택해 활동한다. 다양한 활동이 가능하다는 것을 알면 더 많은 시도를 하게 될지도 모른다.

❶ 1주 차 : 선전의 날
많은 단체들이 캠페인의 일환으로 정보성 출판물을 제작해 배포한

사회를 바꾸기   156

다. 자기만의 홍보물을 만들어서 뿌려보자.

❷ 2주 차 : 티셔츠

정치적 논쟁에 대한 의견을 표현하는 슬로건을 정하고 그 메시지가 들어간 티셔츠를 제작한다. 특히 논쟁적인 주제와 관련된 캠페인 티셔츠를 입고 다닌다면 흥미로운 경험이 될 것이다.

❸ 3주 차 : 편집국에 편지하기

후기를 남기고 싶은 기사가 있는가? 의견을 작성해서 편집국에 보낸다.

❹ 4주 차 : 질문 시간

좀 더 자세히 알고 싶은 정치 현안이 있다면 정부가 제공하는 민원 웹사이트를 통해 정부 당국이나 의회 의원들에게 질문해 본다.

- -

청원하기

🕐 1주
☑ ★★

❶ 요구하거나 항의할 내용을 작성한다. 어느 관공서의 무슨 행정에 반대하는가? 어떤 법이 바뀌어야 하는가?

❷ 작성한 청원서를 우편이나 팩스 또는 온라인 양식으로 접수한다. 광범위한 관심을 불러일으킬 만한 주제라면 공개 청원을 신청할 수도 있다. (한국에는 국회에서 운영하는 '국민동의청원', 국민권익위원회의 '국민신문고', '국민제안' 제도 등이 있다-옮긴이)

❸ 청원 위원회는 연방 정부에 특정 청원 검토를 권고할 수 있다. 청원 지지자가 5만 명이 넘으면 지지자와 연방의회 의원을 대상으로 공개 방청회를 여는 것도 가능하다. (한국에서 2022년 상반기부터 시행 중인 '국민 제안'의 경우 본인 인증이 필요한 실명 등록제이며, 댓글이나 동의 기능이 있는 게시판 형식이 아닌 일대일 민원 형식이다. 접수된 제안이나 청원에 대해서는 법정 기한 내에 답변을 받을 수 있다-옮긴이)

문화
작은 이야기로 변화하기

오늘날은 전 세계적으로 1분마다 평균 25명이 피난을 떠난다고 한다. 하루에 3만 7천 명꼴이다. 유엔에 따르면, 세계 곳곳에 7천만 명이 넘는 난민 중 절반은 아이나 청소년이다. 2014년에는 무려 550만 명의 시리아 어린이가 피난길에 올랐다. 그 시기에 사람들은 다음과 같은 뉴스를 접한다.

"독일 정부는 100명 중 1명의 어린이라도 구하기로 하고, 구출한 5만 5천 명은 독일의 위탁가정에 보내기로 했다. 이를 위해 연방 가족부는 웹사이트와 공익광고, 브로슈어를 만들고 문의 창구를 열었는데 불과 48시간 뒤 1천 명이 위탁가정 신청서를 제출했다. 지역 학교들은 연방 가족부 포스터를 들고 카메라 앞에서 정부에 고마움을 표했고 시민들은 총리관 앞에 수많은 꽃과 카드, 촛불을 놓고 갔다."

결론부터 말하자면 이 뉴스는 사실이 아니다. 아름다운 정치 센터Zentrum für Politische Schönheit(아름다운 도덕성, 시 같은 정치, 담대한 인간성 확립을 목표로 활동하는 시민 단체)가 벌인 캠페인에서 의도적으로 퍼트린 가짜 뉴스였다. 캠페인이 널리 퍼져나가고 48시간 후, 총리관은 센터가 제시한 면담 날짜를 수용할 수밖에 없게 되었다. 총리관을 방문한 일행 중에는 1938년 홀로코스트에서 살아남은 두 사람도 있었다. 당시 독일 시민들이 이 캠페인과 비슷한 구호 활동을 벌인 덕분에 목숨을 건진 이들이었다.

세상은 어떻게 만들어지는가

이 이야기를 처음 접했을 때, 우리 머릿속에는 **토마스의 이론**Thomas-Theorem이 떠올랐다. 사회학자 도로시 토마스Dorothy Thomas와 윌리엄 토마스William Thomas가 20세기 초반에 세운 이론으로, 사람들이 어떤 상황을 진실이라고 여기면 그것이 결국 현실이 된다는 내용이다. 어떤 아이디어가 아무리 근거 없고 환상 같아도 누군가 굳게 믿고 뒷받침하는 행동을 하면 실현된다는, 즉 새로운 현실이 만들어진다는 것이다.

이 이론은 여러 가지 루머와 가짜 뉴스가 판치는 현재 소셜미디어 환경에 대입해야 이해하기 쉽다. 앞서 언급한 일화에서 가짜 뉴스는 결과적으로 긍정적인 역할을 했지만 사실 대부분의 경우 혼란을 불러일으킨다. 특히 소셜미디어에서 유행하는 많은 정보는 완전히 엉터리일 때가 많은데도 제때 바로잡기 어렵다. 이런 환경에서 사람들은 무슨 정보를 받아들일지 스스로 선택하지 못한다.

지금의 세상은 이전 세대들이 믿어온 것들이 쌓여 만들어졌다. 정중하거나 무례한 모습, 현실적이거나 비현실적으로 보이는 것들 대부분이 우리가 접해온 문화의 영향을 받았다는 말이다.

SF소설가 브루스 스털링Bruce Sterling은 **다수가 합의한 이야기**Major Consensus

Narrative라는 개념을 내세우는데, 특정 문화 집단이 공감하고 공유한 이야기를 말한다. 합의된 이야기가 존재한다는 것은 나쁜 일이 아니다. 그런 합의가 없다면 다양한 사람들이 공존하는 사회를 만들기 어렵고 복잡한 갈등이 많아질 것이다. 사회적인 존재인 사람은 주변과 원만하게 어울리며 공동체와 자신을 동일시하고 싶어 한다. 공통의 이야기를 공유하는 문화는 바로 그런 소속감을 제공한다. 다만 우리는 한 가지 질문을 던져야 한다. 그 이야기들이 누구에 의해 쓰이는가?

이야기를 듣고 말하는 행위는 인류의 가장 오래된 문화적 기술 가운데 하나다. 우리 선조들은 불가에 둘러앉아 이야기를 나눴다. 당시의 대화는 종교적인 기능을 비롯해 지식·통찰·정체성·가치관을 다음 세대로 전달하는 역할을 했다.

이야기는 오늘날에도 힘을 지니고 있다. 조직이나 국가는 이야기를 만들어 구성원 사이에 동질감을 조성한다. 기업은 제품에 감정과 상징을 불어넣고 지위나 감정을 나타내는 수단으로 물건을 소비하게 만든다.

우리는 티브이나 잡지, 인터넷 매체와 함께 신화와 상징과 기호로 가득찬 이야기 세상에 살고 있다. 우리에게 '다수가 합의한 이야기'를 제공하는 전문 이야기꾼들은 점점 늘고 있고, 다양한 영웅의 이미지를 제시한다. 성공이 무슨 의미인지, 우리는 왜 살아가는지, 맞서 싸울 가치가 있는 대상은 무엇이며 어떻게 싸워야 하는지도.

예술가와 활동가도 늘 사회의 중요한 이야기꾼이었다. 이들은 1990년대 이래로 매체의 기호와 은유를 풍자하는 작업을 꾸준히 해왔다. 비판적인 소비자 운동 단체인 애드버스터 미디어 재단은 '아무것도 안 사는 날Buy Nothing

Day'‘티브이 꺼놓는 주TV Turnoff Week' 같은 캠페인을 잡지 광고로 전파해서 화제를 모았다.

비슷한 캠페인 사례로 ‘예스맨The Yes Men'의 활동도 유명하다. 이 단체는 2008년 〈뉴욕타임스〉를 흉내 낸 인쇄물을 만들어 뉴욕에 뿌렸는데, 국방부가 이라크전 종전을 선언했다거나 미국 대학들이 더는 등록금을 받지 않는다거나 다국적 석유 회사들이 환경 파괴에 대한 책임을 사과했다는 내용을 거침없이 담았다. 이렇듯 사회 비판적인 예술과 저항 운동은 여러 분야를 유연하게 넘나들어 왔고, 그래서 가치가 있다.

소비자운동이 창조적인 척 획일적인 가치관을 강요하는 대중매체에 맞서는 동안, 매체들은 사람들에게 교묘하게 호소하는 방법들을 찾아냈다. 오늘날은 체 게바라의 평화 로고부터 펑크룩까지 매체가 상업적으로 이용하지 않는 소재가 거의 없다. 매체 속 이야기는 끝없는 성장과 더 많은 이익, 더 나은 세상을 약속한다. 그래서일까, 하루는 '미래를 위한 금요일' 시위에 나가고 다음 날은 기름을 많이 먹는 SUV를 몰고 아이를 데리러 가는 것이 모순으로 보이지 않는 세상이다. 심지어 두 가지 다 지당한 일처럼 느껴진다.

그런데 모든 사람이 상업 매체가 쏟아내는 희망적인 이야기를 믿고 있을까? 그렇지는 않다. 사실 대다수는 미래를 비관적으로 보면서 아이들이 우리보다 잘 살지 못할 거라고 예측하지만, 그러면서도 이런 현실에서 자신이 할 수 있는 일은 없다고 생각한다.

삶에 대한 태도가 이전 세대와는 확연히 달라졌다. 특히 기성세대는 잔인하고 비인간적인 현실에 너무 익숙해진 나머지, 그 안에서 자신은 무기력하다고 믿게 되었고 심지어 기득권을 옹호하게 되었다. 국경에 둘러쳐진 철조망이나 바겐세일이 사회를 안전하고 행복하게 만든다고 믿기도 한다. 거대한 문제들은 자신 외 다른 사람들이 해결할 수 있고, 동시에 모든 것이 평소처럼 어떻게든 굴러갈 거라고 여긴다. 과연 그럴까? 설사 그렇다고 해도 불의가 판치고 경쟁과 탐욕으로 가득 찬 세상이 이대로 정말 괜찮은가?

우리는 토마스의 이론을 생각하면서 깨달았다. 세상을 구하기 위해 우리에게 필요한 것은 어떤 데이터가 아니라, 감정과 공감이 결여된 삶에 새로 부여해야 하는 동기라는 것을.

토마스의 이론은 바로 여기에 시사점을 준다. 우리가 스스로 세상을 바꿀 수 있다고 믿지 않으면 실제로도 바꿀 수 없다. 더 나은 세상을 위한 논의가 없다면 어떤 미래도 기대할 수 없다. 새로운 이야기가 필요하다. 더 공정하고 친환경적인 라이프스타일을 위한 노력과 실천이 가치 있는 세상을 만든다는 이야기, 그런 세상에 도달하는 과정에서 겪는 불편 정도는 사소하다는 이야기 말이다.

자신의 메시지를 찾아라

인류 전체가 하나의 게임을 같이 한다고 해보자. 사람은 누구나 창조성과 성찰력, 상상력을 타고나므로 게임 참가자들은 각자 능력을 발휘해 이야기꾼이 될 수 있다. 상업 광고처럼 명쾌하고 매끄럽지는 않지만 진솔한 이야기를 나눈다. 글과 그림, 음악에 뛰어날 필요는 없다. 열망을 담은 메시지, 즉 무엇을 이야기하는지가 중요하다.

누군가에게 들려줄 이야기를 찾아내는 과정은 자신을 성찰하는 모습인

동시에 이야기꾼이자 문화 창조자가 되는 길이다. 거기에 더해 직접 이야기를 실현해야 한다. 그래야 자기뿐 아니라 타인의 삶과 사회에 영향을 줄 수 있다. 그 영향은 어쩌면 예상하기 어려운 곳까지 뻗어나갈지도 모른다.

실제로 한 청년이 그런 일을 해냈다. 호주 출신 피터 샤프Peter Sharp는 바르셀로나에서 교환학생으로 지내다 문득 생각했다. '왜 뉴스에는 항상 나쁜 소식만 나올까?' 긍정적인 뉴스가 보도의 중심에 있으면 어떨지 상상하던 그는 직접 실험에 나섰다. 도시 한가운데에 있는 광장에서 눈가리개를 하고 팻말을 들었다. "나는 당신을 믿습니다. 당신도 나를 믿나요? 그렇다면 나를 안아주세요"라고 적힌 팻말이었다.

잠시 후, 단 15초 만에 한 여성이 다가와 그를 안아주었다. 그 뒤로 긴 줄이 생겼다. 그의 실험이 담긴 영상은 몇 주 만에 전 세계로 퍼졌고 여기저기서 그를 따라 하는 사람들이 나타났다. 피터는 우리가 타인을 신뢰하면 그 믿음이 고스란히 보답으로 돌아온다는 자신만의 이야기를 완성한 것이다. 이후 그는 전 세계를 돌며 프로젝트를 이어가고 있다. 지하철에서 즉흥적으로 댄스파티를 열거나 낯선 이들끼리 눈 맞춤 하기, 월요일 아침마다 함께 노래하기 등 폭넓게 활동하고 있다.

이 실험은 사람들이 보편적으로 느끼는 (분노·슬픔·두려움·즐거움 같은) 감정을 놀이 방식으로 나눌 때 깊은 공감대를 이룰 수 있다는 사실을 보여준다. 문화권에 따라 통하는 이야기가 다르고, 그 차이로 갈등이 일어나기도 하지만 이야기를 듣고 말하는 행위에는 분명 잠재력이 있다. 이는 세상을 변화시키고자 할 때 우리가 사용할 수 있는 자원이다.

ACTION

전환을 위한 **행동**

⏰ 소요 시간 ☑ 난이도

표현 준비하기

⏰ 3주
☑ ★★

주위에 전하고 싶은 메시지가 있는가? 도움이 될 만한 활동을 소개한다.

❶ 1단계 : 관찰
처음 보는 풍경인 것처럼 주변을 둘러본다. 무엇이 마음에 드는지, 사람들은 무엇을 하고 있는지 살핀다.

❷ 2단계 : 감정
주변 환경에 대한 자신의 감정을 적어본다. 분노가 일어나는가? 웃음이 나는가? 감동한 부분이 있는가?

❸ 3단계 : 변화
무언가를 꾸미는 등 하고 싶은 일이 떠오르는가? 질문하고 싶어지는가? 다른 이와 대화하기를 원하는가?

❹ 4단계 : 상상
갑자기 놀라운 능력이 생겨 다른 이들 머릿속에 세 가지 문장을 새겨 넣을 수 있다고 상상해 보자. 어떤 메시지를 전하고 싶은가?

거리 예술로 표현하기

⏰ 3주
☑ ★★

❶ 1주 차 : 기발한 표지판
아름다운 곳이나 재미있는 정보를 알려주는 표지판을 직접 만들어 세운다. "이 멋진 나무 좀 보세요" "이 건물 3층 창가에 커튼이 예쁘네요" 같은 내용은 어떨까?

❷ 2주 차 : 소망 나무
응원하는 마음으로 나무에 소망을 적은 종이를 단다. 사람들의 참여를 독려하는 안내문을 나무 근처에 마련한다.

❸ 3주 차 : 칠판
벽에 자석 페인트를 칠하고 분필을 옆에 놓는다. 사람들이 문장이나 스케치를 자유롭게 남기도록 한다.

사회를 바꾸기　164

여행
지속 가능한 여정 탐색하기

　　　　　　　　　　　남태평양 외딴섬. 수 킬로미터에 이르는 고운 모래 해변과 청록색 바다, 푸른 하늘, 야자수 길이 보이는 이곳은 '파라다이스'라는 말이 딱 어울리는 휴가지 몰디브다. 해변에 가까이 다가가면 창살 구조물에 작은 산호 조각을 붙이는 사람들이 보인다. 이들은 비영리단체 '리프스케이퍼스Reefscapers' 회원들로, 관광객들이 기부한 돈으로 산호초를 번식시켜 바다로 내보낸다.

　"높은 수온에서도 견딜 수 있는 산호종 모종을 구조물에 잘 붙여서 가라앉히고 있어요. 안에서 잘 자라주면 좋겠는데, 장기적으로 이 방법이 잘 통할지는 아직 잘 모르겠어요."

　이 단체 회원인 마렌이 지금까지 1,500개가 넘는 산호 구조물을 바다에 가라앉혔다는 그들의 활동상을 들려주었다. 몰디브가 겪고 있는 어려움은 사라져가는 산호초 문제뿐만이 아니다. 기후변화로 인해 빙하가 녹고 해수면이 상승하면서 섬은 점점 물에 잠기고 있다.

망가져 가는 지구, 대가는 누가 치르는가?

관광은 지구온난화에 중대한 영향을 끼친다. 보수적으로 계산해도 기후에 해로운 온실가스의 5퍼센트가 관광 분야에서 나오고, 그중 75퍼센트가 관광객 수송, 즉 비행기 여행에서 발생한다. 점점 더 많은 사람이 머나먼 곳으로 여행을 다니고 있다.

세계관광기구UMWTO에 따르면, 2018년 14억 건이 넘는 국제선 비행이 있었고, 이는 2015년보다 16퍼센트 늘어난 수치인데 지금도 계속 증가하는 추세다. 국내선 비행만 따져도 약 40억 건이나 된다. 관광산업이 이대로 계속 성장한다면 2050년에는 이 부문 에너지 소비량이 지금의 110퍼센트까지 증가할 테고, 이산화탄소 배출량은 105퍼센트, 물 소비량은 150퍼센트, 쓰레기 배출량은 252퍼센트로 늘어날 것이다.

만약 기후 보호에 대한 책임을 세계인이 공평하게 나눈다면 1인당 이산화탄소를 매년 2톤씩만 배출해야 하고(독일에서 카리브해로 가는 비행기를 한 번만 타도 넘어서는 양), 이렇게 따지면 기후를 보호하는 일은 도저히 불가능해 보여서 죄책감만 든다. 사람들은 휴가 때만큼은 걱정거리나 사회 문제에서 벗어나 아무것도 신경 쓰고 싶지 않아 한다. 하지만 자기 자신만 생각하며 쉬는 휴가가 우리에게 당연히 주어지는 권리일까? 여행을 즐길 때 발생하는 환경비용이 극빈층에 전가된다는 점을 알게 되어도 전처럼 무신경하게 여행을 다닐 수 있을까?

관광산업이 전 세계적으로 높은 경제적 가치와 많은 일자리를 창출하는 것은 사실이다. 독일연방관광경제협회가 추산한 바로는 한 개발도상국이 독일 관광객 15명을 수용할 때 현지에 일자리가 73만 8천 개나 생긴다.

하지만 간과해선 안 될 문제가 있다. 일자리의 질이다. 관광 산업도 가격 경쟁이 심각한데, 호텔 직원·영세 공급업자·여성과 아동 같은 약자들에게 그 부담이 간다. 영국의 비정부기구 '투어리즘 컨선Tourism Concern'은 해당국 관광 종사자들이 처한 상황(저임금과 열악한 노동 환경, 초과 노동 등)이 심각한 수준이라고 지적한다.

게다가 간접적인 사회비용도 문제다. 생활공간을 두고 관광객이 현지인과 경쟁을 벌이면 대개 후자가 지는데 개발도상국뿐만 아니라 (바르셀로나·리스본·프라하·베네치아·베를린 같은) 산업국가의 대도시에서도 사정은 비슷하다. 오래된 마을이나 세련된 주거 지역이 '관광화' 될 때, 그곳은 관광객이 현지인의 삶을 구경하는 값비싼 야외 박물관이 되어버리고, 임대료를 비롯한 물가도 올라서 그들의 생계에 영향을 미친다.

대규모 관광산업이 기후변화에 끼치는 악영향에 관한 연구를 보면, 탄소 발자국이 적고 윤리적인 여행 문화를 확산하는 조치가 시급하다. 이런 점에서 독일어권 여행사 100곳 이상이 연대해 만든 '대안 여행 포럼Forum Anders Reisen'이 벌이는 활동은 주목할 만하다. 기후보호단체에 일정액을 기부해 여행에서 발생한 이산화탄소 문제를 상쇄하고, 현지 업체들과 장기 협약을 맺어서 직원들에게 정당한 보수를 지급하며, 관광 상품도 수익 창출보다는 현지인들이 필요로 하는 방향으로 개발한다.

다만 낮은 인지도와 높은 가격 탓인지 성장세에 비해 지금까지는 비중이 작다. 왜 비용을 더 내더라도 '착한 여행'을 해야 하는지 패키지여행 이용객뿐 아니라 개별 여행자도 자문해 봐야 한다. 여행의 종류가 아니라 태도가 차이를 만든다. 다른 문화에 호기심을 가지고 여행지의 자연과 사람들을 존

여행할 때 실천할 것들

목적지

어디로 가고 싶은가? 기후에 해로운 온실가스의 75퍼센트가 수송 부문, 특히 항공편에서 나온다는 점을 명심하자. 최소 14일 정도 목적지에 머무를 수 있을 때만 장거리 여행을 해야 한다.

이동 수단

지구온난화에 큰 영향을 끼치는 항공기는 가능한 한 피한다. 유럽 내에서는 야간열차 이용하기를 권한다. 비행기보다 기차 여행이 훨씬 흥미롭다.

이동

목적지로 이동할 때 가능하다면 걷거나 자전거 혹은 대중교통을 이용한다. 차를 빌리는 대신 택시를 탄다.

동물

돌고래 쇼나 투우 경기처럼 동물들을 훈련해서 공연하는 곳은 찾지 않는다. 동물들이 무감각하거나 약에 취한 모습을 보이면 신고한다.

자원 절약

사용하지 않는 전자제품과 냉방기기는 꺼두고 샤워를 짧게 한다.

쓰레기 방지

쓰레기를 만들지 않는 태도는 언제나 바람직하다. 물병을 챙겨 다니고 여행지에서 플라스틱 쓰레기가 물가로 흘러가지 않도록 주의한다. 현재 바다에는 플라스틱 입자가 플랑크톤보다 많다.

탄소 문제

항공편이나 다른 교통수단을 이용할 때 기후 보호 단체 기부를 통해 탄소 배출을 상쇄할 수 있다.

숙소

숙소나 여행사를 예약할 때 생태적·사회적으로 지속 가능한 곳을 선택한다. 도시 여행이라면 현지인 몫이어야 할 아파트에는 머무르지 않도록 한다.

공정 가격

여행지에서 팁을 내는 것이 관습인지, 얼마가 적당한지 알아본다. 이용한 제품과 서비스에 공정한 가격을 지불하고 소소한 비용 차이에 연연하지 않는다.

로컬 소비

지역에 도움이 되는 소비를 한다. 프랜차이즈보다는 현지 식당과 가게, 호텔을 이용한다. 방문한 나라와 그곳 사람들에 대해 더 배울 수 있다.

방문 예절

여행을 떠나기 전에 어떤 복장과 행동이 여행지 관습에 맞는지 알아본다. 현지인이 나오는 사진을 찍을 땐 동의를 구한다. 성지나 종교 행사에서 특히 주의한다.

중하는 태도, 그들이 원하는 거리에서 눈높이를 맞추는 태도 말이다.

느림을 연습하기

여행에도 사고의 전환이 필요하다. 여행의 목적이 어딘가에 되도록 빨리 도착하는 데 있을까? 아무 걱정 없이 홀가분한 여행을 원한다고 해서 꼭 지구 반대편으로 떠나야 할까?

느린 여행 운동에 앞장서 온 자유 여행가 댄 키란Dan Kieran은 많은 사람들이 패스트푸드식 휴가에 익숙해져 있어 안타깝다고 말한다. 그는 "저가 항공과 패키지상품이 생겨나면서 여행이 '빨리 해치워야' 하는 일처럼 변해가고 있다"라면서 패스트푸드식 여행에 열광한다면 열심히 돌아다녀도 실상은 어디에도 가지 않는 셈이라고 지적했다.

그는 여행을 '목적지에 도착하는 것'이 아닌 '길 위의 과정'으로 삼아 현지인 관점에서 여행지를 조금씩 알아간다. 그렇게 하면 미리 가늠하기 어려운 상황, 이를테면 크고 작은 문제나 우연적 요소를 오히려 반기게 된다. 이것 저것 재지 않아 타인과 진솔하게 만나고 자기 내면도 들여다볼 기회가 되기 때문이다.

여행의 속도를 낮춰 보면 완전히 다른 세상을 발견할 수 있다고 그는 덧붙였다. 친구 두 명과 우유 배달 수레를 연결한 모터사이클로 여행을 떠날 때 특히 그랬다. "우리가 타고 다닌 모터사이클은 조용히 움직여서 주변 야생을 방해하지 않았어요. 토끼나 새 같은 동물들과 시골길을 같이 다니는 데 익숙해졌죠. 언덕길을 오르면 호박벌이 따라왔고요."

이런 태도로 여행하면 포기하는 것보다 얻는 것이 많다. 현지 문화나 자연을 마주하면서 영감을 얻고 자기를 재발견하는 내면 여행이 된다. 자신이 무엇을 좋아하고 무엇을 꺼리는지, 어떤 편견을 가졌는지 알아가는 여행. 느린 여행은 세상을 새로운 관점으로 보게 하고 그 과정에서 새로운 연결점을 만들어준다. 더 평화롭고 정의로운 세상을 만드는 데 필요한 연결점이다.

전환을 위한 행동

🕐 소요 시간　☑ 난이도

천천히 여행하기

🕐 내킬 때마다
☑ ★★

• 이동 수단 정하기

목적지까지 버스·기차·자전거를 이용하거나 걸어 간다. 느릴수록 좋다.

• 여행 가이드북 없이 가보기

무엇을 들여다볼지 가이드북에 의존하지 않는다. 스스로 세상을 발견한다.

• 자유롭게 다니기

계획을 세우지 않는다. 방문할 관광지나 행사를 정하지 않은 상태로 길을 나선다. 거리에서 일상적인 것들을 발견하며 느긋함을 즐긴다.

자원봉사 떠나기

🕐 3-12개월
☑ ★★★

국내외 비영리 프로젝트에 자원 활동가로 참여하는 여행을 해본다.

• 단체 선택하기

자원 봉사 여행을 주선하는 곳을 찾아본다(도움을 필요로 하는 사람들의 사진이나 글을 실어 광고하는 업체는 피한다). 아직 관련 업체에 대한 공식적인 기준은 없으므로 참가자가 직접 알아봐야 한다. 여행 전 준비 세미나를 개최하는지, 현지 단체와 얼마나 오래 협력해 왔는지, 참가비 중 얼마가 현지에 전달되는지, 참가자는 봉사지에서 어떤 지원을 받을 수 있는지 확인한다. 주변에 경험자가 있다면 조언을 구한다. (국제워크캠프workcamp.org 등 - 편집자)

• 프로젝트·장소·기간 확인하기

가고 싶은 나라와 참여 동기, 특기를 고려한 장기 여행을 계획한다.

• 여행을 마치며 챙기기

주최 기관과 연락을 이어가고자 하는가? 어떻게 하면 현지 프로젝트를 계속 지원할 수 있을까?

새로운 문화 즐기기

🕐 5시간

✓ ★

다른 문화를 발견하기 위해 꼭 먼 나라로 여행을 가야 하는 것은 아니다. 주변에서 다양한 문화를 찾아보자.

• 먹거리

외국 생활이나 이주 경험이 있는 친구를 초대해서 함께 식사하자. 같이 요리하거나, 참여자들이 각자 대표하는 문화권의 전통 음식을 가져와 먹을 수도 있다.

• 대화

주제를 정해 이야기를 나눈다. 문학·음악·정치·종교 또는 다양한 문화권의 언어도 주제가 될 수 있다. 식사 초대를 할 때 대화 주제를 미리 알려주면 초대받은 이들이 관련 책과 음반, 이야깃거리를 준비할 수 있다.

'나'에서 '우리'로

1968년 크리스마스이브에 특별한 일이 일어났다. 아폴로 8호 우주선에 타고 있던 세 사람이 잠시 끊긴 지구와의 라디오 연결을 복구하느라 분주하던 순간, 우주선이 방향을 바꾸면서 형언할 수 없이 아름다운 장면을 본 것이다. 바로 지구였다.

지구가 달 뒤에서 서서히 솟아오르는 모습을 본 세 사람은 큰 경외심을 느꼈다. 아마 수많은 생명과 연결된 느낌, 그리고 지구에 대한 책임감 아니었을까. 다행히 그들에게는 카메라로 이 기념비적인 장면을 찍을 여유가 있었다. 현재 누구나 위키피디아에서 찾을 수 있는 이 사진에는 '지구의 부상 Earthrise'이라는 이름이 붙었고, 당시 우주 비행사들이 느낀 감정을 설명하는 '조망 효과overview effect'(멀리 떨어진 곳에서 지구를 바라보며 느끼는 의식 상태. 큰 시야로 보게 되면서 가치관의 변화를 겪는 현상-옮긴이)라는 단어도 생겼다.

돌이켜보면 예정에 없던 '뒤돌아봄'이 인류 사회를, 지구와 인간의 관계를,

그리고 우리 자신을 더 많이 바꾸어놓았다고 생각한다.

바깥에서 지구를 바라본 사람들은 새로운 깨달음을 얻었다. 독일인 우주 비행사 알렉산더 거스트Alexander Gerst는 인터뷰에서, 새까만 우주 속 얇은 대기층에 둘러싸인 지구의 모습이 아주 예민하고 연약해 보였다고 한다. 열대우림을 순식간에 태워버리는 수백 건의 산불이나 분쟁 지역에서 터지는 폭탄이 허무하게 느껴진다고도 말했다. 그는 감정이 북받쳐서 말했다.

"기이하죠. 밖에서는 정말 분명해 보이거든요. 이렇게 치고받고 싸우기엔 지구는 너무 작은 곳이라는 점이요."

하지만 직접 겪어보지 않으면 그의 말에 공감하기 어렵다. 지구를 여전히 거대한 존재로 인식하고 한계가 있는 장소로는 받아들이기 힘들다. 몇 달, 몇 해를 돌아다녀도 우리는 지구의 극히 일부분밖에 볼 수 없고, 생태계에 존재하는 상호 연결성도 어렴풋이 이해할 따름이다. 그래서 우리는 대부분의 시간을 중요하지 않은 일에 들이면서 큰 그림을 보는 데 실패하는지도 모른다.

2009년, 한 과학자 그룹이 지구에서 어떤 것이 가장 큰 위협이 되는지 연구한 결과를 바탕으로 **지구 위험 한계선**Planetary Boundaries이라는 개념을 만들었다. 지구가 견딜 수 있는 스트레스의 한계선을 9가지 영역에서 정립해 도표로 나타낸 것이다. 현재 생물종 멸종·기후 위기·질소 순환 과정에 관련된 수치는 이미 한계선을 넘었고, 다른 일부 영역도 한계선에 아슬아슬하게 다가가고 있다.

지구 위험 한계선 연구 결과는 2009년 〈네이처〉에 처음 발표되었는데, 당시 파장은 예상보다 작았다. 각국 정부가 이 개념을 채택했지만 정책 결과물이 많지 않았고, 관련 정상회담이 연이어 열렸으나 어떤 국가도 경제성장 우선 주의를 벗어나지 못했다.

세계자연기금은 최근 몇 년간 지구가 계속 번아웃 직전인 상태라고 경고한다. 근래 들어 인류는 매년 지구가 재생산할 수 있는 자원의 두 배를 써버리고 있다. 이대로라면 인구가 96억 명으로 늘어나는 2050년에는 지구 세 개가 더 있어야 할 판이다. 앞으로 국가 간 자원 분쟁은 더욱 거세지고 세계의 불평등 수준은 더 심각해질 것이다.

- 전 세계적으로 슬럼에 사는 도시 거주자 비율이 23.5퍼센트에 달했다.
  (유엔 지속가능발전목표SDGs, 2019년 보고서)
- 전 세계에서 8억 2200만 명이 굶주리고 있으며, 2030년에는 최하위 5개 국이 가장 낮은 단계의 빈곤 상태에도 미치지 못할 것이다.
  (세계식량개발연구소IFPRI, 2019년 세계기아지표)

이제 숫자는 잠시 내려놓고, 우주에서 지구를 바라볼 땐 모든 것이 어떻게 보일지 상상해 보자. 노자는 세상을 한꺼번에 다 바꾸려 하지 말고 작은 일부터 시작하라고 했다. 책을 쓰기 위해 다양한 주제를 공부하면서 우리는 이 말에 담긴 진리를 거듭 깨달았다. 특히 거대한 과제 앞에서 좌절하게 될 때 말이다.

우리가 지구에 만연해 있는 문제에 목소리를 낼 때 누군가는 순진하고 어리석다며 비난할 것이다. 하지만 전체를 보는 관점과 작은 일부터 실천하는 행동 중 무엇도 배제해서는 안 된다. 전체를 보려 하지 않으면 우리가 큰 덩어리의 일부라는 사실을 잊게 되고, 일상에서 변화할 계기를 찾지 못하게 된다. 문제를 작은 영역에만 담아두고 만족해 버리기 쉽다. 유기농 제품을 소비하면서 세상을 구하고 있다고 자족하는 것처럼 말이다. 그것만으로는 부족하다는 사실을 잊어선 안 된다.

우리는 그 어느 때보다 어려운 시대에 살지만, 그래도 세상을 구할 가능성은 아직 남아 있다. 아마 함께 살아가는 사람들과 지구를 공유하는 다른 생명에 대한 연대 의식이 모두를 구원해 줄 수 있지 않을까? 바로 '우리'라는 감각 말이다.
노자의 가르침대로 처음으로 돌아가 넓은 관점에서 자신을 바꾸고, 집과 주변 그리고 이웃과 나라를 바꾸고 더 나아가 세상 전체를 변화시킨다면 더할 나위 없이 좋겠다. 우리에겐 이 행성 하나뿐이니까.

함께 세상을 바꾸어나갈 단체를 소개합니다

서울환경연합 사무처장   이동이

세상을 구하는, 전환을 위한 행동은 불편한 걸까?

그렇다면 서울환경연합은 사람들을 참 불편하게 만드는 단체다. 후퇴하는 환경 정책과 온갖 시대착오적인 개발 사업 등 모르면 좋았을 불편한 소식을 알리며 서명 운동, 기자회견, 행진을 진행한다. 불필요한 소비는 줄이고, 물건은 웬만하면 고쳐 쓰면서 덜 버리고, 기후 위기 대응을 위해 육식을 줄이는 '불편한 습관'을 여럿 소개하며 함께 참여하자고 부추긴다.

분리배출해도 재활용이 어려운 작은 플라스틱을 시민들과 함께 모으고, 제로 웨이스트 생활과 비건 실천에 도전하는 '제비클럽'을 운영하며, 각자 집에서 도토리 씨앗을 키워 숲에 심는, 누군가는 소소하다고 느낄 행동을 해나가며 우린 참 많은 사람을 만나왔다.

그들은 이야기한다, 행동하지 않는 것이 더 불편하다고.

"세상에 태어난 것은 내 뜻이 아니었지만, 살아가면서 소비하는 것들은 내 뜻대로 할 수 있다고 생각하게 되었습니다. 그 첫걸음이 불필요한 쓰레기를 만들지 않는 것이었는데, 이런 생각과 활동을 직접적으로 광범위하게 실천하게 해 주는 서울환경연합에 힘을 보태 좀 더 무해한 세상을 만드는 데 도움이 되고 싶었습니다."

- <플라스틱방앗간> '참새클럽' 참여자 고*하 님

"환경을 위해 나 스스로 작은 실천을 할 수 있어요. 하지만 더 큰 목소리를 내고 세상에 더 큰 변화를 주기 위해선 단체의 목소리가 커져야 한다고 생각해요. 서울환경연합의 활동을 1년간 SNS로 지켜보았을 때 환경을 위해 정말 좋은 활동들을 펼치고 있더라고요. 적은 돈이라도 보태서 나도 함께 운동에 동참하고 싶다는 생각이 들었습니다. 환경을 위한 일이라면, 그게 어려운 일이 아니라면 기꺼이 참여하고 싶었습니다."

- '제비(제로 웨이스트+비건)의 삶_플라스틱일기' 참여자 김*미 님

"2020년, 끝나지 않던 장마에 이상함을 느껴서 검색을 했더니 지구온난화로 인한 기후 위기더라고요. 이 현상을 체감하면서 더 찾아보았더니 생각보다 환경문제가 정말 심각한 거예요. 미세플라스틱, 탄소 배출, 코로나로 인한 일회용 쓰레기, 미세먼지, 육식 등 알아보면 알아볼수록 저 혼자 실천하기보다 많은 사람과 함께 실천해야 변화가 생기겠다는 생각이 들었어요. 그래서 저희 반 아이들과 환경 공부를 시작하게 되었죠. 아이들도 자신들이 겪게 될 미래와 현재의 심각함을 느끼고 수업에 대한 몰입도가 엄청났어요!

이론 수업부터 시작해서 다양한 활동을 해보며 환경보호에 대한 경각심을 가지게 되었답니다. 수업 자료를 준비하면서 환경에 대해 많이 공부하게 되었고요. 덕분에 플라스틱방앗간과 서울환경연합을 알게 되었죠. 개인적으로는 제로 웨이스트와 채식을 하게 되었어요. 플라스틱 일기를 열심히 써서 선물도 받았고 생각만 하던 정기 후원도 시작했어요. 환경을 보호하기 위해선 무엇보다도 실천이 중요하다는 것을 깨달은 2020년 한 해는 제 가치관에 아주 큰 변화를 주었답니다. 앞으로도 환경교육을 열심히 하려고 해요!"

- <플라스틱방앗간> '참새클럽' '제비의 삶' 참여자 배*정 님

나는 '작은' 행동이라도 변화를 불러온다는 것을 확신한다. 플라스틱방앗간은 캠페인을 통해 병뚜껑이 너무 작아 재활용이 안 된다는 메시지를 홍보했고, 참새클럽 참가자들의 병뚜껑 수집 활동이 확산되자 환경부는 병뚜껑을 닫고 배출해도 재활용되도록 지침을 바꿨다. (물론 플라스틱방앗간처럼 같은 종류끼리 따로 모으면 고품질 재활용이 가능해진다.) 곧이어 참새클럽 참가자들이 다른 재질이 섞여 재활용되지 않는 이중 병뚜껑에 대해 분노를 드러내자 기업들은 잇달아 단일 소재 병뚜껑으로 생산 구조를 전환했다. 작은 행동이 사회적 담론으로 이어져 정부 정책 변화와 기업의 생산단계 개선이라는 근본적 변화를 이끌어낸 것이다.

스포츠 경기를 보다 보면, 지고 있는 팀 감독이 작전시간에 공통적으로 하는 지시가 있다. 바로 '말을 많이 하라'는 것이다. 자신의 상태가 어떤지, 어느 위치에 와 있는지, 무엇을 할 수 있는지 선수들끼리 대화로 소통하지 않

으면 그 어떤 팀플레이도 원만히 작동할 수 없다.

뜨거워지는 지구, 사라져가는 생명을 생각하는 우리의 행동이 팀플레이로 변화를 이루기 위해서는 다 함께 더 많은 목소리를 내야 한다. 당신보다 좀 더 먼저 뛰고 있는 국내 단체들을 소개하며, 함께 행동해 보길 권한다.

- 후원으로 단체 목소리에 힘 보태기
- 단체의 SNS에 호응하며 응원 댓글 남기기
- 서명과 온라인 챌린지에 참여하기
- 지인에게 단체 소식을 공유하고, 연대를 독려하기
- 단체 행사·교육·워크숍 등 모임에 참여하기
- 후원을 넘어 운영 회원으로 단체 의사 결정에 참여하기
- 여력이 있다면 활동 기획단, 자원봉사 신청하기
- 시민 활동가로 직접 행동을 기획하고 실행하기

사회의 변화를 만들어온 환경 단체

서울환경연합 seoulkfem.or.kr

기후 위기로부터 자연과 인간이 공존하는 세상, 생태도시로의 전환에 앞장선다. 개인의 실천을 모아 사회적 담론을 만들어내고 있다. SNS 콘텐츠 '도와줘요 쓰레기박사·기후위기박사·수돗물박사', '신비한 생물사전', 전문가와 함께하는 세미나 '월간 쓰레기·쓰레기대학', 비건 요리 레시피 등 다양한 환경 이야기를 만날 수 있다. 또 온라인 뉴스레터로 매주 환경 소식을 전한다.

환경운동연합 kfem.or.kr

지구 환경 보전을 위해 활동하며 환경에 피해가 되는 일을 감시하는 역할에서 나아가 건강한 미래를 위한 대안을 만들어내고 있다. 서울환경연합을 비롯해 파주에서 제주까지 다양한 지역에서 연대할 수 있다.

우리동네햇빛발전협동조합 wesolarcoop.campaignus.me

주민들이 참여해 운영하는 태양광 발전사업 협동조합이다. 시민이 재생에너지를 공급하고, 안정적인 수익으로 태양광을 확대해 원자력 없는 사회를 앞당긴다는 목표로 운영한다.

녹색교통운동 greentransport.org

시민의 교통권 확보, 지속 가능한 친환경적 교통 체계 개편을 위해 활동하고 있다.
육교와 지하도 대신 횡단보도 만들기, 정지선을 지키는 안심보행 캠페인을 진행했다.

녹색연합 greenkorea.org

우리나라 자연을 지키는 환경단체다. 생태 중심축인 백두대간과 DMZ 구역을 보전하고 야생동물 서식지를 보호하는 활동을 한다. 기후 위기를 가속화하는 현장을 감시하고 쓰레기 없는 지구, 사람과 자연이 조화롭게 지내는 사회를 위해 움직인다.

불교환경연대 budaeco.org

생명을 존중하라는 부처의 가르침을 바탕으로 설립되어 자연환경과 생명 살림을 위한 활동을 펼쳐왔다. 사람과 자연이 죽어가는 사회를 생명 살림의 사회로 전환하는 것을 목표로 여러 가지 일을 실천한다.

생명의숲 forest.or.kr

시민 참여로 나무를 심고 숲을 보전하며, 숲의 공공성을 높여 누구나 숲의 가치를 누릴 수 있는 건강한 사회를 만들어가는 시민단체다. 숲 가꾸기 운동을 시작으로 현재는 학교 숲 운동, 정책 운동 등 다양한 영역에서 숲 관련 운동을 펼치고 있다.

여성환경연대 ecofem.or.kr

여성의 관점에서 생태적 대안을 찾고 평등하고 지속 가능한 녹색사회를 지향한다. 모든 사람이 자연과 더불어 살아가는 녹색사회를 바라며, 작고 소박한 일상에서부터 친환경적 대안을 실천하는 사람들과 함께 활동한다.

자연의벗연구소 ecobuddy.or.kr

시민사회와의 연대와 협력으로 생명과 평화의 가치를 구현하고, 자연과 인간이 조화롭게 살아가는 지속 가능한 사회를 실현하기 위해 연구하는 곳이다. 환경 교육 정책 연구 및 컨설팅, 프로그램을 개발해 실행하고 어린이 놀이 환경과 권리 신장을 위한 제반 사업을 진행한다.

자원순환사회연대 waste21.or.kr

국내 최대의 자원순환 민간 협력 단체로 전국의 환경·소비자 단체 180여 곳과 연대해 자원순환 문화 플랫폼을 구축했다. 이 플랫폼으로 자원순환 정책을 연구하고 정부에 제도 개선을 요구하며 친환경 제품이 생산, 유통되도록 감시자 겸 조력자 역할을 수행한다. 다양한 활동으로 폐기물 처리비용 지출을 줄이는 데 힘쓰고 있다.

환경정의 eco.or.kr

우리 사회의 환경 불평등을 해결하고자 하는 환경시민단체다. 강대국과 저개발국, 현세대와 미래세대, 인간과 자연 사이에서 일어나는 불평등한 상황을 직시하고 문제 해결을 위해 환경정의를 실현하고자 한다.

소중한 생명을 지키는 동물 보호 단체

동물복지문제연구소 어웨어 aware.kr/who_we_are

정책 연구와 시민 교육을 통해 우리 사회에서 동물의 사회적 지위와 복지 기준을 향상하는 것을 목표로 설립된 단체다. 동물도 불필요한 고통에서 자유로울 권리가 있는 존재임을 많은 사람이 인식하고, 동물을 생명으로 존중하는 사회적 공감대가 형성되는 것을 목표로 활동한다. 과학적 연구를 바탕으로 동물복지 정책을 고안하고, 다양한 동물 보호 교육을 진행한다.

동물권행동 카라 ekara.org

인간과 동물이 아름답게 공존하는 세상을 모색한다. 지구상의 약자인 동물의 고통을 대변하기 위해 설립되었다. 반려동물, 농장 동물, 야생동물, 실험동물을 포함해 생명 경시 풍조에 고통받는 모든 동물을 위해 활동한다.

핫핑크돌핀스 hotpinkdolphins.org

돌고래 보호로 생명과 평화의 가치를 알리는 해양환경단체다. 한국에서 처음으로 수족관 돌고래 해방 운동을 시작했으며, 2013년 제돌이를 시작으로 일곱 마리의 수족관 돌고래를 고향인 제주 바다로 돌려보냈다. 멸종위기 해양생물을 보호하고 해양생태계를 보전하는 운동을 펼치고 있다.

곰보금자리프로젝트 projectmoonbear.org

사육곰을 구조하고, 곰들이 더 나은 삶을 살 수 있도록 보호시설인 생추어리를 만들기 위한 프로젝트다. 곰 생추어리 건립 및 운영 외에도 곰 농장 종식 활동, 갇혀 사는 야생동물의 복지 연구, 동물 복지 향상을 위한 대중 교육을 진행한다.

제주 곶자왈 말 구조보호센터 youtube.com/@gotjawalsanctuary

학대받던 말들에게 본연의 습성을 되찾아주고 재활을 돕는다. 퇴역 경주마를 포함해 버려진 말들을 돌보는 보금자리로, 각각의 사연을 지닌 말들이 자연과 교감하며 살 수 있게 돕는다.

새벽이생추어리 blog.naver.com/dawnsanctuarykr

국내 1호 생추어리로, 농장에서 공개 구조된 돼지 '새벽이'가 안전하게 살아갈 공간을 마련하기 위해 만들어졌다. 동물들이 누군가를 위해서가 아닌 스스로를 위한 존재로 동물답게 살아갈 수 있도록 돕는다.

새로운 물결을 만드는 기후 단체

기후위기비상행동 climate-strike.kr

청소년·환경·인권·노동·종교를 비롯한 각계각층의 시민 단체가 함께하는 기후 운동 기구로, 생존 위기로 다가온 기후변화 문제에 대한 인식을 높이고 적극 대응하기 위해 시민의 캠페인 참여를 독려 한다.

기후행동비건네트워크 vegan-climateaction.org

영양학적으로 올바른 채식 문화를 전파해 건강한 사회에 기여한다. 인간과 동물, 환경이 하나로 연결 되어 있음을 알리고 모든 존재가 존중받고 공존하는 세상을 만드는 데 앞장선다.

청소년기후행동 youth4climateaction.org

기후 위기의 당사자인 청년과 청소년이 기후 문제 해결에 목소리를 내고 행동하며 유의미한 변화를 만드는 기후 운동 단체다. 지구의 평균 온도 상승을 막기 위한 실질적인 정책 변화에 힘쓰고 있다.

플랜1.5 plan15.org

지구 평균 온도가 1.5도 이상 올라가는 것을 막는다는 목표로 우리나라 온실가스를 보다 효과적으로 감축하기 위해 설립된 단체다. 바람직한 감축 방안과 지금 바로 실행 가능한 대안을 마련하며 시민 차원의 기후 운동을 더욱 확대하기 위해 활동한다.

일상에서 변화를 만드는 제로 웨이스트/자원순환 커뮤니티

알맹상점 ◉ almang_market

'알맹@망원시장' 프로젝트로 뭉친 쓰레기 덕후들이 "껍데기는 가라, 알맹이만 오라!"라는 기치를 걸고 만든 한국 최초의 포장재 없는 매장이다. 알맹이만 판매하고 재활용이 어려운 쓰레기를 모으며, 플라스틱 프리 워크숍과 자원순환 교육으로 시민 행동을 주도하는 커뮤니티 거점 공간이다. 다양한 제로 웨이스트 제품과 리필 제품을 판매하는 '리필스테이션(망원동)', 일회용품 없는 비건 카페를 겸한 '리스테이션(서울역)'을 운영한다.

다시입다연구소 wearagain.campaignus.me

사람과 지구를 생각하는 지속 가능한 의생활 문화를 꿈꾸는 모임이다. 의생활 분야의 제로 웨이스트 문화를 연구하고 제안하며, 교환 행사를 통해 옷장 속 입지 않는 옷을 줄이는 활동을 전개한다.

와이퍼스 wiperth.me

동네, 산, 바다를 다니며 쓰레기를 줍고 산불 피해지에 나무를 심기도 한다. 길에 버려진 꽁초를 제조사로 보내 해결책을 촉구하는 등 지속 가능한 지구를 위한 활동을 이어가는 사람들의 모임이다.

디프다제주 ◉ diphda_jeju

프리다이빙을 하며 바닷속 쓰레기를 수거한다. 해양 환경에 관심을 가지고 제주 바다의 미래를 고민한다. 해양 쓰레기 수거 캠페인 '봉그깅'('줍다'의 제주어 '봉그다'와 '플로깅'의 합성어)을 진행한다.

쓰줍인(쓰레기를 줍는 사람들) ◉ sseujubin_official

지구 환경을 되살리기 위해 동식물과 사람을 포함해 모든 지구 생물체의 다양성 보호를 목표로 활동한다. 쓰레기 줍기, 담배꽁초 어택, 환경 및 비건 스터디, 책 모임 등을 진행한다.

지구지킴이 쓰담쓰담 ◉ ssdamssdam_0

환경 문제를 인식하고 비판하는 차원을 넘어, 실질적인 대안을 제시하고 실행하는 모임이다. 개인 차원의 실천부터 함께 시스템 변화를 일으키는 활동까지 일상에서 자연스럽게 지구와 공존하며 살아갈 수 있는 방법을 제안한다.

카페라떼클럽 cafe_latte_club

제대로 된 종이 팩 재활용 방식을 알리기 위해 활동하고 있다. 카페에서 수거한 종이 팩을 포인트나 화장지로 교환해 지역사회에 돌려주는 순환 모델을 만들었다. 재활용 활성화·순환 방안을 지역사회와 함께 고민하고, 잘못된 분리배출 방법으로 버려지는 종이 팩이 없도록 지역 내에서 다양한 실험을 진행한다.

정치하는엄마들 politicalmamas.kr

'엄마'(아이를 출산한 생물학적 엄마뿐 아니라 돌봄을 수행하거나 수행하려는 모든 양육 주체를 아우르는 의미)들이 직접적인 정치 참여로 정치세력화를 도모하면서 모든 엄마가 차별받지 않는 성평등 사회, 모든 아이가 사람답게 사는 복지사회, 모든 생명이 폭력 없이 공존하는 평화 사회, 미래세대의 환경권을 지켜줄 생태 사회를 지향한다.

한국어판 부록

옮긴이 하리타 Harita Jeong

88년생 에코 힙스터 작가. 환경단체 활동가로 일하다 더 급진적인 전환을 위해 독일 생태 도시 프라이부르크로 건너가 환경 거버넌스학을 공부했다. 생태공동체 탐방, 다문화 텃밭 등 다양한 풀뿌리 모임과 국제교류 프로젝트에 참여하면서 기록하고 소통해왔다. 현재 모두를위한환경교육연구소 비상임 연구원으로서 기후환경 교육 및 창작 활동을 하고 있다. 쓴 책으로『오늘부터 내 몸의 이야기를 듣기로 했어』『뜨거운 지구 열차를 멈추기 위해』(공저) 등이 있다.

지금 우리가 바꾼다

2023년 1월 30일 1판 1쇄 펴냄
2023년 10월 20일 1판 2쇄 펴냄

지은이	일로나 코글린·마렉 로데
옮긴이	하리타
펴낸이	이미경

편집	숙자
모니터링	조민정·김이초
디자인	ALL designgroup
제작	올인피앤비

펴낸곳	도서출판 슬로비
	등록　　제2013-000148호
	전화　　070-4413-3037　　팩스　　0303-3447-3037
	메일　　slobbiebook@naver.com
	블로그　blog.naver.com/slobbiebook

isbn　　979-11-87135-29-6　03330